VOS FUTURS
LEADERS

Les Éditions Transcontinental inc.
1100, boul. René-Lévesque Ouest
24ᵉ étage
Montréal (Québec) H3B 4X9
Tél. : (514) 392-9000
1 800 361-5479
www.livres.transcontinental.ca

Les Éditions de la Fondation de l'entrepreneurship
55, rue Marie de l'Incarnation
Bureau 201
Québec (Québec) G1N 3E9
Tél. : (418) 646-1994, poste 222
1 800 661-2160, poste 222
www.entrepreneurship.qc.ca

Distribution au Canada
Les messageries ADP
1261-A, rue Shearer, Montréal (Québec) H3K 3G4
Tél. : (514) 939-0180 ou 1 800 771-3022
adpcommercial@sogides.com

Données de catalogage avant publication (Canada)
Samson, Alain
Vos futurs leaders : les identifier, les former
(Collection Grands Défis)
Comprend des réf. bibliogr.
Publié en collaboration avec la Fondation de l'entrepreneurship
ISBN 2-89472-236-2 (Transcontinental)
ISBN 2-89521-066-7 (Fondation)

1. Leaders. 2. Cadres (Personnel) - Relève. 3. Personnel - Rotation. 4. Gestion. 5. Mentorat dans les affaires. I. Fondation de l'entrepreneurship. II. Titre. III. Collection : Samson, Alain. Grands Défis.

HD57.7.S35 2004   658.4'092   C2003-942224-0

Révision : Lyne Roy
Correction : Lise Baillargeon
Mise en pages et conception graphique de la couverture : Studio Andrée Robillard

Imprimé au Canada
© Les Éditions Transcontinental inc. et Les Éditions de la Fondation de l'entrepreneurship, 2004
Dépôt légal — 1ᵉʳ trimestre 2004
Bibliothèque nationale du Québec
Bibliothèque nationale du Canada
ISBN 2-89472-236-2 (Transcontinental)
ISBN 2-89521-066-7 (Fondation)

Nous reconnaissons, pour nos activités d'édition, l'aide financière du gouvernement du Canada, par l'entremise du Programme d'aide au développement de l'industrie de l'édition (PADIÉ), ainsi que celle du gouvernement du Québec (SODEC), par l'entremise du programme Aide à la promotion.

Alain **Samson**

VOS FUTURS LEADERS

les identifier,

les former

Les Éditions
Transcontinental

LES ÉDITIONS DE LA FONDATION DE
l'entrepreneurship

La collection Grands Défis

Conçue à l'intention des entrepreneurs,
la collection Grands Défis aborde les questions cruciales
que soulève la croissance d'une organisation.

FONDATION DE l'entrepreneurship

La **Fondation de l'entrepreneurship** s'est donnée pour mission de promouvoir la culture entrepreneuriale, sous toutes ses formes d'expression, comme moyen privilégié pour assurer le plein développement économique et social de toutes les régions du Québec.

En plus de promouvoir la culture entrepreneuriale, elle assure un support à la création d'un environnement propice à son développement. Elle joue également un rôle de réseauteur auprès des principaux groupes d'intervenants et poursuit, en collaboration avec un grand nombre d'institutions et de chercheurs, un rôle de vigie sur les nouvelles tendances et les pratiques exemplaires en matière de sensibilisation, d'éducation et d'animation à l'entrepreneurship.

La Fondation de l'entrepreneurship s'acquitte de sa mission grâce à l'expertise et au soutien financier de plusieurs organisations. Elle rend un hommage particulier à ses **partenaires** :

ses **associés gouvernementaux** :

Québec 🍁 Canadä

et remercie ses **gouverneurs** :

Raymond Chabot Grant Thornton

Table des matières

Introduction

Dans une équipe de hockey ou de baseball, qu'est-ce qui fait que l'entraîneur ou le directeur obtiennent le respect des amateurs ? Si vous croyez que c'est la victoire de leur équipe, vous avez raison. Et qu'est-ce qui fait que ces mêmes dirigeants sont décriés par les amateurs ? Si vous avez répondu la défaite, vous avez tort.

Les mauvais dirigeants d'équipe sportive ont un point en commun : ils ne savent pas préparer la relève. Leur équipe peut certes gagner un championnat si elle a un bon gardien de but ou un bon lanceur, mais ce type de victoire relève plutôt d'un heureux concours de circonstances. La carrière des sportifs de haut niveau est courte. Le gardien de but qui a conduit son équipe aux éliminatoires prendra peut-être sa retraite bientôt. Ce lanceur-vedette pourrait se blesser au moment où son équipe ne pourrait se passer de lui. Qu'arriverait-il alors ? Si le directeur de l'équipe n'a pas planifié la relève, on le déclarera grand responsable des déboires de l'organisation.

Et vous, gérez-vous une équipe gagnante ? Le succès de votre organisation repose-t-il principalement sur les épaules de quelques « joueurs » talentueux ? Que se passerait-il si, demain, un de ces joueurs était blessé ou quittait vos rangs pour aller chez le concurrent ? Vos « partisans », ceux qui vous encouragent ou louangent votre travail, vous laisseraient-ils tomber ? C'est possible. Le héros ou l'héroïne du jour peut bien vous faire honte demain.

Ce troisième guide de la collection **Grands Défis** vous invite à entraîner dès aujourd'hui vos joueurs-vedettes de demain. Au cours des années à venir, les gestionnaires à succès se distingueront en prenant cette précaution.

▸▸ Monique : « L'idée de préparer la relève ne m'était jamais venue. Après tout, mes employés étaient relativement jeunes. Quand Steve nous a quittés pour aller travailler chez mon principal concurrent, je me suis rendu compte que le succès de mon entreprise ne dépendait plus de moi. »

▸▸ Richard : « J'étais persuadé qu'Yvon serait facile à remplacer quand il prendrait sa retraite. Ça n'a pas été le cas. Personne dans l'usine ne savait utiliser la machine à surpiquer Landis, et il n'y avait pas de main-d'œuvre qualifiée dans la région. Au bout de trois mois, j'ai trouvé une personne compétente dans la région de Toronto. J'ai dû y mettre le prix pour la convaincre de travailler pour nous mais, entre-temps, j'avais déjà perdu deux clients importants. »

▸▸ Lysanne : « L'entreprise en arrache depuis que Colette ne travaille plus. Son *burn-out* était prévisible : elle n'avait pas pris de vacances en deux ans. Mais comment pouvais-je me passer d'elle au travail ? Elle était alors la seule à bien connaître le système informatique ! Si je pouvais revenir en arrière, je lui imposerais de former au moins un autre employé. »

Le gestionnaire d'entreprise qui ne planifie pas la relève court les mêmes risques que ceux que Monique, Richard et Lysanne ont préféré ignorer : celui de voir le départ d'un employé-clé sonner le glas de l'entreprise, celui de se buter au manque de relève après le départ à la retraite d'un employé essentiel au fonctionnement de l'organisation et celui d'épuiser ses troupes au lieu de former des personnes aptes à les soutenir au travail.

Remarquez que la planification de la relève ne se fera pas sans difficulté. Souvent, les employés dont on a absolument besoin aiment se sentir indispensables et rechignent à devenir remplaçables. Ils craignent de voir leur statut dévalué dans l'organisation. Nous tenons compte de cette possibilité tout au long de cet ouvrage.

CE LIVRE EST-IL POUR VOUS ?

Ce livre est pour vous si **vous êtes propriétaire** d'une entreprise et que vous voulez éviter la crise au moment de gérer le remplacement de membres du personnel. Vous y trouverez votre compte si vous préférez l'idée d'assurer la transition en douceur.

Ce livre est pour vous si **vous êtes actionnaire** d'une entreprise qui néglige de planifier la relève pour les postes-clés. Vous y apprendrez que la valeur sur laquelle vous comptez repose bien souvent sur le savoir des employés et que, si la relève n'est pas planifiée, cette valeur peut disparaître en un instant. Il suffit qu'un employé-clé soit victime d'un accident de travail, d'un accident vasculaire cérébral, d'un épuisement professionnel, ou qu'il soit recruté par un concurrent.

Ce livre est pour vous si vous faites partie d'une organisation dans laquelle **vous espérez assumer de plus grandes responsabilités.** Vous y apprendrez comment dégager l'image d'un employé prometteur et comment bénéficier pleinement de l'apport de votre mentor. Ne vous fiez pas uniquement à votre bonne étoile pour grimper les échelons.

Ce livre est également pour vous si **vous vous empêchez de prendre des vacances ou du repos** parce que vous êtes indispensable. Vous y puiserez les arguments pour convaincre votre patron de former un remplaçant qui pourra alléger votre tâche et vous permettre d'enfin prendre cette semaine de congé méritée. Dans votre cas, cette lecture est stratégique parce que :

- ■ vous voulez progresser au sein de l'organisation et qu'une personne devra pouvoir vous remplacer quand une possibilité de promotion s'offrira à vous ;

- ■ vous ne voulez pas qu'on vous préfère, faute de relève, un candidat qui arrive de l'extérieur ;

- ■ vous voulez continuer d'apprendre.

En affaires comme dans le sport, le succès de l'équipe repose sur les efforts des joueurs et sur la capacité de remplacer ceux-ci à mesure qu'ils quittent l'organisation. Nul n'est éternel. Refuser de faire face à cette réalité, c'est refuser d'être un bon gestionnaire. Puisse cet ouvrage vous aider à faire les bons choix en vue de garantir la survie de votre organisation (ou vous procurer la victoire au prochain championnat !).

1 | Un œil
sur le futur

Tous ne sont pas égaux dans une entreprise. Par exemple, certains travailleurs peuvent prendre des vacances sans que l'organisation en subisse des conséquences fâcheuses, tandis que l'absence d'autres employés peut provoquer un sentiment de crise chez leurs collègues.

Quand ces employés-clés s'absentent, ceux qui restent doivent modifier leur manière de travailler. Ils doivent vérifier à deux reprises leurs factures parce que Louise, la comptable, n'est pas là. Ils doivent s'assurer d'avoir bien rempli leurs bons de commande parce que Lucie s'est absentée et que les commandes seront passées sans autre vérification. Ils doivent effectuer d'incessants allers-retours entre le service des ventes et l'aire d'expédition parce que Roger n'y est pas et que les autres livreurs sont moins fiables.

En l'absence d'un employé-clé, le risque d'erreurs est plus élevé, et les travailleurs consciencieux terminent la journée sur les genoux.

Quant aux patrons, leurs réactions varient. La majorité d'entre eux passent la journée à éteindre les feux. D'autres, au golf, ne se rendent compte de rien, mais ils apprendront un jour ou l'autre que l'entreprise est moins rentable parce que la productivité des employés de même que la satisfaction des clients sont à la baisse.

Nous ne traitons pas ici du remplacement du patron dans une organisation. Nous avons consacré le deuxième titre de cette collection, *La fameuse relève : l'assurer, l'accueillir*, à cette question. Nous nous attardons plutôt aux raisons qui empêchent le leader de planifier la relève.

DES MYTHES À FAIRE TOMBER

Le gestionnaire qui ne planifie pas la relève entretient souvent des mythes qu'il convient de faire tomber.

1. «On peut compter sur Roger.»

Un mélange de pensée magique et d'aveuglement définit ce que nous appellerons le syndrome du Roger, c'est-à-dire la propension à croire qu'un employé-clé saura à lui seul remplacer tous ceux qui quitteront l'organisation. Voici, pour décrire ce syndrome, un dialogue type que nous avons trop de fois entendu.

> – Que se passerait-il si Luc, le chef expéditeur, tombait malade ? Qui pourrait s'occuper du service de livraison ?

> – Roger pourrait le faire sans peine. Il a déjà remplacé Luc pendant ses vacances...

> – Et qu'arriverait-il si le système informatique sautait en l'absence de Jean ?

> – Roger pourrait prendre la relève. Il se débrouille en programmation.

– Et si Gisèle décidait de prendre sa retraite ?

– Roger pourrait la remplacer sans problème. Il connaît mieux la marchandise que la plupart des vendeurs.

– Supposons maintenant que Luc, Jean et Gisèle quittent l'entreprise. Roger les remplacerait-il tous ?

– Euh…

– Et si Roger quittait notre entreprise ?

Chaque organisation compte au moins un employé fiable, polyvalent et performant. C'est un être curieux, désireux de faire progresser l'entreprise, et qui ne calcule pas les heures passées au travail. Il est cependant illusoire de croire que ce Superman pourrait remplacer tous les autres si le besoin se faisait sentir.

2. « Je trouverai bien quelqu'un quand j'en aurai besoin. »

Ce mythe suppose que des personnes compétentes sont actuellement sans emploi et n'attendent que la publication de votre petite annonce pour se présenter au travail. Dans certains secteurs et pour certains postes, cela a déjà été vrai, au moment où le taux de chômage battait des records. Les choses ont bien changé depuis.

Le taux de natalité a chuté, et il est prévisible que, au cours des prochaines années, on dénombre plus d'employés qui prendront leur retraite que de travailleurs qui pourront les remplacer. Les employeurs en quête de main-d'œuvre se livreront alors une lutte implacable.

De plus, ces nouveaux employés nourriront une vision différente du travail. Ils n'auront pas envie de travailler autant d'heures que ceux qu'ils remplaceront. Ils viseront davantage l'équilibre travail-famille.

Vous vivrez donc des moments difficiles si vous attendez le départ de vos bons employés avant de partir en quête de leurs remplaçants.

3. « Je penserai à la relève quand je n'aurai plus de crises à gérer. »

Il se peut bien que cette accalmie ne se produise jamais ! Une succession de crises dans une entreprise dénote souvent l'incapacité à planifier de ses dirigeants. Si vous ne commencez pas tout de suite à le faire, vous ne vous en sortirez pas.

4. « Personne dans mon équipe n'arriverait à remplacer mes meilleurs employés. »

Si vous n'enclenchez pas immédiatement le processus de planification de la relève, vos employés ne développeront pas leurs compétences pour vous prêter main-forte le jour où vous aurez besoin d'eux ! Vos meilleurs éléments ont pu vous paraître maladroits quand ils ont fait leurs premiers pas dans votre organisation. Avec le temps, et parce que vous leur en avez offert la chance, ils sont devenus des leaders. Ceux qui vous semblent plus ou moins compétents actuellement peuvent peut-être suivre le même cheminement.

Pour planifier votre relève, regardez d'abord au sein de votre organisation. Comme l'explique le quatrième guide de cette collection (*La perle rare : la trouver, la garder*), les promotions constituent un puissant outil de rétention du personnel. Dans un monde où les employés sont de plus en plus rares et de moins en moins loyaux, la démarche que nous vous présentons dans ce livre vous mettra à l'abri des tentatives de racolage de la concurrence.

Et si vous comptez dans vos rangs des incompétents, pourquoi les gardez-vous ? Pourquoi les avez-vous engagés ? Vous serez appelé, au fil de votre lecture, à répondre à ces questions.

5. « Il faut traverser les crises une à la fois. »

Malheureusement pour ceux qui entretiennent ce mythe, les crises et les départs à la retraite surviennent généralement par grappes dans les organisations. Parce que les employés occupant un même niveau hiérarchique sont souvent dans la même tranche d'âge, le départ d'un premier est souvent suivi du départ des autres.

Quand une telle situation se produit, ça devient un véritable enfer pour ceux qui restent : ils doivent occuper des postes pour lesquels ils n'ont pas été préparés et sont donc plus susceptibles de faire des erreurs.

6. « Ce sera à mon successeur de gérer les départs à la retraite. »

Bravo pour le sens des responsabilités ! Malheureusement, les gestionnaires qui font ce genre de réflexion sont plus nombreux qu'on le croit.

Remarquez que le destin pourrait jouer quelques bons tours à ces patrons. Ceux qui n'arrivent pas à communiquer à leurs troupes une vision d'avenir mobilisatrice jouissent rarement de leur loyauté. De quoi auriez-vous l'air si des départs soudains avaient lieu ? Vos chances de promotion s'évanouiraient-elles ? Il n'y a pas que les départs à la retraite qui rendent la planification de la relève nécessaire ; la maladie, les accidents ou le changement d'employeur constituent également des risques. Vous **devez planifier** la relève.

Les six mythes que nous venons d'aborder ont plusieurs conséquences néfastes pour les organisations. En voici quelques-unes.

L'amnésie organisationnelle. Puisque les remplaçants sont embauchés à toute vitesse, il n'y a pas de période de cohabitation pendant laquelle l'employé sortant pourra communiquer son savoir à la personne qui le remplacera. En conséquence, ceux qui prennent la relève devront procéder par essais et erreurs pour accumuler le savoir qui leur fait défaut. L'organisation en fera les frais.

Par exemple, un ministère à vocation économique a récemment encouragé ses conseillers à prendre une retraite anticipée. Quand de nouveaux conseillers (fraîchement diplômés) les ont remplacés, on s'est rendu compte qu'ils n'avaient pas l'expérience ni la crédibilité nécessaires pour assumer leurs fonctions. Les entrepreneurs ne leur faisaient tout simplement pas confiance. Il aurait mieux valu que la transition se fasse en douceur et que les nouveaux conseillers accompagnent les anciens pendant quelque temps.

La remise en question de la planification stratégique. Si l'organisation s'est dotée d'un plan stratégique et que celui-ci repose sur les compétences uniques des individus en place, il sera inévitablement remis en question chaque fois qu'il y aura changement de personnel. La préparation de la relève permet, à l'opposé, la transmission du savoir organisationnel.

La désaffection de la clientèle. Dans plusieurs secteurs d'activité, les clients s'attachent à l'employé qui les sert, si bien que le départ de cette personne pourrait signifier la perte de ces clients. Des produits ou services de moindre qualité parce que la personne qui remplace un employé-clé n'est pas à la hauteur peuvent aussi faire fuir la clientèle.

Une baisse du moral des troupes. Les situations de crise ont un effet démobilisateur sur les employés qui doivent travailler tout en vivant de l'anxiété (Est-ce que tout sera prêt à temps ?), ou de la culpabilité (Sommes-nous encore à la hauteur ?), ou en ayant des craintes (Que dira le patron ? Le client ?). Dans un tel climat, les travailleurs sont plus sujets à l'épuisement professionnel et s'absentent plus souvent. Au bout du compte, d'autres départs sont à prévoir.

Une diminution de la valeur marchande de l'entreprise. Si vous songez à vendre votre PME pour prendre votre retraite, sachez que sa valeur sera fortement diminuée si vous n'avez pas planifié la relève. En effet, un acheteur potentiel se rend compte des risques que cela représente. Pour plus d'information sur ce sujet, lisez *La solution ultime : vendre ou continuer ?*, un guide de la collection **Grands Défis**. Vous y apprendrez, non sans surprise, que les acheteurs d'entreprise sont allergiques au risque.

QUI SONT VOS EMPLOYÉS-CLÉS ?

Nous consacrons la fin de ce chapitre à une activité qui vous permettra d'enclencher le processus de planification.

En premier lieu, la relève du leader doit être assurée. Nous n'en traiterons pas dans ce livre, puisque nous l'avons déjà fait dans *La fameuse relève : l'assurer, l'accueillir.*

En deuxième lieu, il faut concentrer ses efforts sur les employés-clés, ces personnes sans qui l'organisation vacillerait aux moindres coups de vent.

En troisième lieu, il faut penser au sort des autres employés, parmi lesquels se trouvent justement vos futurs leaders.

L'identification des employés-clés n'est pas aisée. Elle demande souvent une certaine humilité et une capacité de voir les choses comme elles sont. C'est rarement en consultant l'organigramme de la compagnie qu'on les découvre. Voyons deux exemples.

En théorie, Germain, le fils du propriétaire, gère le supermarché familial. C'est du moins ce que montre l'organigramme officiel affiché dans la salle des employés. Pourtant, la plupart des travailleurs vous diront que Germain a pris un mois de congé aux fêtes et que personne n'a regretté sa présence. On ne peut en dire autant de Richard, le gérant adjoint, qui ne peut jamais prendre deux jours de congé d'affilée. Dans les faits, Richard effectue le travail que devrait faire Germain.

Dans cette entreprise manufacturière, malgré la présence d'un contre-maître, c'est un simple employé qui forme les nouveaux venus et qui répare l'équipement au moindre bris. Si l'entreprise devait procéder à un licenciement, la direction serait bien mal avisée de se départir de celui qui fait le travail, même s'il ne figure pas dans l'organigramme.

Dans la grille ci-dessous, dressez la liste de votre personnel, puis répondez aux quatre questions qui vous aideront à identifier les employés-clés à l'œuvre dans votre organisation.

Nom	Savoir	Réseau	Statut	Compétences	Total

1. En raison du savoir particulier de cet employé, son départ soudain provoquerait-il une crise dont l'organisation se remettrait difficilement?

Cet employé possède-t-il un savoir unique qui ferait cruellement défaut à l'organisation s'il ne se présentait pas au travail demain matin? Dans une firme qui développe des logiciels, par exemple, on compte souvent sur un programmeur qui maîtrise mieux que les autres la structure du code ou le langage de programmation. Sans cette personne, une modification mineure, qui se fait aujourd'hui en quelques minutes, pourrait fort bien exiger des semaines de travail.

Souvent, dans une usine, une seule personne est capable d'ajuster les outils numériques ou la machinerie plus ancienne. Par ailleurs, dans une entreprise faisant des affaires en Amérique latine, l'employé qui parle couramment l'espagnol constitue un avantage concurrentiel évident.

Bref, toute personne possédant un **savoir unique** nécessaire au bon fonctionnement de l'organisation est un employé-clé.

Accordez à chaque employé une note de 0 à 10 dans la colonne Savoir de la grille, 0 signifiant que cet employé ne possède aucun savoir essentiel à l'organisation et 10 signifiant que son départ, incluant la perte de ce savoir unique, pourrait s'avérer dommageable.

2. En raison du réseau de cet employé, le départ de ce dernier provoquerait-il une crise dont l'organisation se remettrait difficilement?

Certains employés ont développé d'excellentes relations avec la clientèle, si bien que c'est pratiquement avec eux, et non avec l'organisation, que les clients traitent. Pour cette raison, les clients suivent fréquemment un employé qui passe à la concurrence.

D'autres membres du personnel entretiennent un si bon contact avec les fournisseurs (ou avec des instances politiques) qu'ils sont en mesure d'obtenir des faveurs qui seraient autrement refusées sur-le-champ.

Finalement, certains ont tissé un tel réseau de contacts qu'ils pourraient rapidement trouver une personne susceptible de venir en aide à l'organisation si une crise éclatait ou si l'occasion de conquérir un nouveau marché se présentait.

Accordez à chaque employé une note de 0 à 10 dans la colonne Réseau de la grille, 0 signifiant que cet employé ne possède aucun contact essentiel à l'organisation et 10 signifiant que son départ, incluant la perte de ses contacts, pourrait s'avérer dommageable.

3. En raison du statut particulier de cet employé, son départ soudain provoquerait-il une crise dont l'organisation se remettrait difficilement?

Le statut particulier d'un employé peut prendre différentes formes, comme le montrent ces quelques exemples.

▸▸ Au fil des ans, Audrey a acquis une réputation enviable. Elle est une conférencière recherchée, et les gens d'affaires aiment bien mentionner que c'est elle qui les conseille. S'il fallait qu'Audrey laisse son emploi, la société-conseil qui l'embauche perdrait la crédibilité que cette ressource lui confère, et sa part de marché diminuerait probablement.

▸▸ Cette entreprise de construction a obtenu son permis de la Régie du bâtiment du Québec grâce à Serge, le seul à posséder sa qualification professionnelle. Si Serge quitte l'entreprise, la firme cesse d'exister faute de pouvoir renouveler sa licence.

▸▸ Dans cette succursale, Julie est tellement appréciée de ses troupes que leur moral chuterait rapidement si elle partait, d'autant plus que le superviseur régional n'a pas d'atomes crochus avec les employés locaux.

Il va sans dire que la direction de la société-conseil devrait favoriser l'émergence d'autres employés-vedettes. Celle de l'entreprise de construction devrait s'assurer qu'au moins une autre personne a sa qualification professionnelle. Quant aux dirigeants de la chaîne de magasins, ils devraient encourager l'émergence d'autres leaders dans cette succursale. Ne pas le faire, c'est courir des risques.

Accordez à chaque employé une note de 0 à 10 dans la colonne Statut de la grille de la page 22, 0 signifiant que le statut de cet employé n'est pas essentiel à l'organisation et 10 signifiant que son départ (et l'effet qu'il aurait sur l'entreprise) pourrait s'avérer dommageable.

4. En raison des habiletés ou des compétences particulières de cet employé, son départ soudain provoquerait-il une crise dont l'organisation se remettrait difficilement?

Certains employés possèdent des traits de caractère exceptionnels, des habiletés particulières, des compétences rares ou des connaissances pointues. Ces ressources sont plus difficiles à remplacer que les autres. Voyons quelques exemples.

▸▸ Danielle est la seule à tenir tête à Robert, un vendeur insupportable que l'actionnaire majoritaire de l'entreprise impose à la direction. S'il fallait que Danielle quitte l'entreprise, les autres vendeurs, tout comme deux autres employés du service de l'administration, feraient probablement de même.

▸▸ Roger a un sens de l'organisation inouï. Il planifie le travail de façon que ses employés soient le plus productifs possible. L'entreprise n'a jamais pu compter sur un chef de service aussi efficace. Comment y arrive-t-il? Difficile à dire.

▸▸ Même si elle n'est pas étalagiste, Lucie possède un sens artistique que n'ont pas les autres commis. Très souvent, les consommateurs s'arrêtent pour regarder les produits qu'elle a placés en démonstration et ils cherchent en magasin ce qu'elle a mis en vitrine. Que fait-elle de plus que les autres? Elle a l'œil, voilà tout.

Danielle, Roger et Lucie possèdent des qualités, habiletés ou compétences particulières qui permettent à leur organisation respective de bien fonctionner et qui, même si elles sont parfois difficilement identifiables, existent néanmoins.

Accordez à chaque employé une note de 0 à 10 dans la colonne Compétences de la grille, 0 signifiant que cet employé ne possède que des compétences courantes et 10 signifiant que son départ et la perte de ses compétences particulières pourraient s'avérer dommageables.

Quand vous aurez terminé, faites le total pour chaque employé et notez-le dans la colonne prévue à cette fin. Le score se situera entre 0 et 40. C'est le départ des employés présentant le score le plus élevé qui ferait le plus de mal à votre organisation.

UN PEU DE PROSPECTIVE

Recopiez dans une grille comme celle qui suit le nom des cinq employés (ou plus) ayant obtenu le score le plus élevé.

Nom	Âge	+3	+6	%
Alain	43	46	49	50
Clément	41	44	47	45
Guy	39	42	45	80
Denise	58	61	64	85
René	59	62	65	95

Dans la deuxième colonne, indiquez l'âge de chacun. Dans les troisième et quatrième colonnes, l'âge qu'ils auront dans trois et dans six ans. Finalement, notez dans la cinquième colonne à combien vous estimez les probabilités qu'ils quittent votre entreprise d'ici 10 ans.

Prenons le cas de Denise dans notre exemple. Cette employée a 58 ans. Elle aura 61 ans dans 3 ans et 64 dans 6 ans. Son gestionnaire estime à 85 % les chances qu'elle ait quitté l'entreprise d'ici 10 ans. Il suppose qu'elle prendra sa retraite. Or, l'âge n'est pas le seul critère permettant d'évaluer les probabilités de voir un employé quitter une organisation. En voici d'autres.

Le style de vie. Certaines personnes se ménagent, d'autres non. Si un employé brûle la chandelle par les deux bouts, il est probable qu'il ne sera pas productif jusqu'à l'âge officiel de la retraite. Vous devez, dans son cas, augmenter le score de la cinquième colonne.

Les obligations familiales. Un conjoint malade peut amener un travailleur à laisser son emploi temporairement. Une grossesse a le même effet. Si votre employé-clé ne procure à son ménage qu'un salaire d'appoint, vous devez considérer les risques que son conjoint soit muté dans une autre région. Selon ce que vous savez de la situation familiale de votre employé, ajustez au besoin le pourcentage inscrit dans la cinquième colonne.

Le besoin d'apprendre. Certains employés éprouvent davantage que d'autres le besoin d'apprendre. Si votre entreprise stagne parce que votre marché est arrivé à maturité et qu'aucune innovation technologique n'est susceptible de bouleverser la routine, votre employé-clé, avide de nouvelles connaissances, s'ennuiera et ira voir ailleurs. Ajustez le pourcentage de la cinquième colonne en conséquence.

Les antécédents. Il est des activités qu'on fait en attendant de trouver mieux ou d'avoir terminé ses études. Si, dans le passé, un des vos employés-clés a changé de travail en moyenne tous les trois ans, il est probable qu'il suivra cette tendance. Vous devez donc ajuster, une dernière fois, le pourcentage dans la cinquième colonne.

Imaginez maintenant que tous ceux qui présentent une probabilité de départ supérieure à 50 % s'en aillent. Dans un contexte social où il y a de moins en moins de chômeurs, qu'adviendra-t-il de votre organisation si vous ne vous dotez pas d'un bon plan de match ?

Si la moitié de vos employés-clés vous abandonnent, vous vivrez une période de stress intense. Que vous offriez des produits ou des services, la qualité de votre production diminuera grandement, entraînant dans sa dégringolade le taux de satisfaction de la clientèle. Vous risquez même de perdre l'appui des actionnaires ou, dans le cas d'un organisme gouvernemental, des élus. Qui blâmera-t-on à ce moment? Je vous laisse deviner.

UN BON PLAN DE MATCH

Le graphique suivant montre le plan de match que nous vous proposons. Évidemment, il pourra varier en fonction de la nature de votre organisation et du nombre d'employés-clés sur qui vous comptez.

Premièrement, il faut dresser la liste des employés qui devront vraisemblablement être remplacés. La grille que vous avez remplie précédemment vous sera utile. Vous pouvez également en discutez avec vos collaborateurs ou même avec les personnes concernées afin de confirmer vos intuitions.

Deuxièmement, il faut faire ressortir ce qui rend unique chacun des employés à remplacer. Est-ce leur savoir, leur réseau, leur statut ou leurs compétences particulières? Vous avez amorcé ce travail en remplissant la première grille; nous le poursuivrons au chapitre 3.

Troisièmement, il faut jeter un coup d'œil objectif sur l'ensemble des employés afin d'identifier ceux qui pourraient devenir des leaders. Nous traiterons de cette démarche au prochain chapitre.

Quatrièmement, il faut partir en quête de candidats à l'extérieur de l'organisation si personne, à l'interne, ne peut remplacer les employés-clés.

Cinquièmement, il faut monter un programme de formation à l'intention des futurs leaders. Nous traitons de cet élément au chapitre 3.

Sixièmement, il faut prévoir une période plus ou moins longue de mentorat ; il en est question dans le chapitre 5. Cette période est essentielle au succès de la démarche.

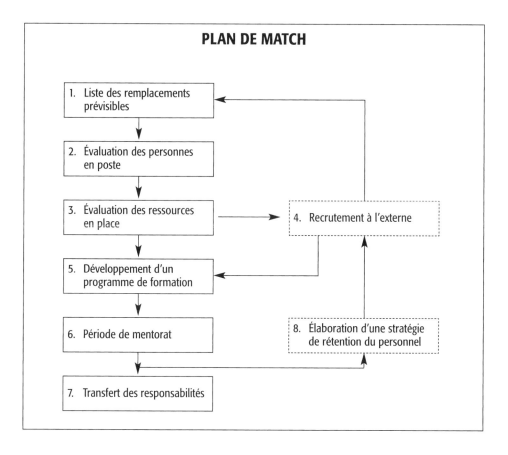

Septièmement, le transfert des responsabilités de la personne qui quitte un poste à celle qui est maintenant apte à la remplacer est possible. Nous en traitons dans les chapitres 3 et 4.

Finalement, pour éviter que les futurs leaders ne soient tentés de quitter l'organisation, il faut inclure dans le plan de match un programme de rétention du personnel. Nous abordons ce sujet dans un autre guide de la collection **Grands Défis**, *La perle rare : la trouver, la garder.*

Une organisation ne devrait pas être gérée à la petite semaine, comme si tout y était immuable. Les gens vieillissent, leurs objectifs de vie changent, leur environnement évolue. Dans ces circonstances, les départs sont normaux, souvent prévisibles. Ce qui est anormal, c'est de refuser de s'y préparer.

Le plan de match que nous vous proposons nécessitera des efforts qui ne rapporteront qu'à moyen et à long terme. Il est fort possible qu'il gruge vos profits à court terme. Dites-vous cependant que votre organisation sera mieux équipée pour faire face à la concurrence et pour relever tout autre défi.

2 | L'identification des leaders potentiels

Bien des parents voient leurs enfants comme s'ils étaient encore en première année et constatent avec étonnement à quel point le temps passe vite. Quand leur rejeton leur annonce qu'il prend un appartement, vous les entendez s'exclamer : « Je ne l'ai pas vu grandir ! »

Il en va souvent de même avec le personnel. Le patron se rappelle les débuts d'un employé, ses erreurs de débutant ou les tours pendables que ses nouveaux collègues lui ont joués. Cette étiquette de « petit nouveau » lui colle si bien à la peau que personne ne remarque que, jour après jour, il en apprend davantage, il maîtrise des dossiers et acquiert des connaissances. Il est même possible qu'il soit devenu « trop grand » pour son emploi actuel.

Si certains employés sont devenus trop compétents pour leur poste et que vous ne leur proposez pas de nouveaux défis, ils iront cogner à la porte de vos concurrents. Ils ne vous en veulent pas : c'est simplement qu'ils ont un besoin constant d'apprendre et qu'ils ont l'impression que leur apprentissage chez vous est terminé. Dans un marché du travail où le recrutement est de plus en plus difficile, vous ne pouvez pas vous permettre un tel exode.

Vous devez être proactif. Vous devez percevoir chaque employé tel qu'il est et non tel qu'il était à son arrivée dans votre organisation. Vous devez l'imaginer ailleurs que dans le poste qu'il occupe actuellement. Votre livreur ferait peut-être un excellent vendeur. Un de vos commis pourrait très bien gérer une succursale. Et cette employée sur la chaîne d'assemblage pourrait être une superviseure respectée.

En jetant un coup d'œil objectif sur vos employés actuels, vous repérerez vos futurs leaders. Vous pourrez alors leur proposer un avenir à la hauteur de leurs capacités et de leur ambition.

Dans certains cas, ce travail se fera rapidement. Si vous gérez une petite entreprise et que vous n'avez qu'un ou deux employés, l'évaluation sera vite faite. Par contre, si vous êtes à la tête d'un service important ou si une convention collective limite votre droit de regard ou la mobilité des employés, vous aurez plus de difficulté.

L'ÉVALUATION DE LA PERFORMANCE DES EMPLOYÉS

Grâce à l'évaluation de la performance d'un employé, vous saurez s'il peut être pressenti pour un poste plus important. Cependant, quelques mises en garde s'imposent.

Dans un premier temps, **soyez conscient de vos préjugés.** Il y a des personnes que vous appréciez plus que les autres, non pas parce qu'elles sont meilleures mais parce qu'elles correspondent davantage à l'image que vous vous faites d'un bon employé. Si vous connaissez votre type psychologique, vous êtes sans doute conscient de l'influence de vos idées préconçues. Dans le cas contraire, vous auriez avantage à lire *Avec qui travaillez-vous ?*, un ouvrage vulgarisant l'indicateur MBTI, outil qui permet de catégoriser les personnalités. Voici en bref quels types d'employés vous privilégiez selon que vous avez un tempérament d'administrateur, de tacticien, de stratège ou d'idéaliste.

Si vous avez un tempérament d'**administrateur,** vous favorisez la responsabilité et la loyauté. Pour vous, un bon employé est quelqu'un qui vous est fidèle, qui suit les règles établies et qui s'identifie fortement à votre organisation. Vous redoutez les libres penseurs ou ceux qui remettent en question les stratégies que vous avez élaborées.

Si vous avez un tempérament de **tacticien,** l'employé débrouillard vous plaît. Vous aimez être entouré de personnes capables de «tourner sur un dix sous» et qui, même en situation de crise, savent garder leur calme et faire preuve d'initiative.

Si vous avez un tempérament de **stratège,** c'est l'ingéniosité et la logique qui caractérisent vos meilleurs employés. Vous aimez être entouré de personnes qui ont le regard tourné vers l'avenir et qui aiment les défis.

Si vous avez un tempérament d'**idéaliste,** ce sont l'inspiration et les idées personnelles que vous valorisez. Dans votre esprit, une personne qui ne décide pas en fonction de ses valeurs et de ses sentiments est peu fiable. Il vous arrive même de trouver les individus logiques trop froids ou même dangereux.

Le gestionnaire qui ne prend pas conscience de son type psychologique risque de n'embaucher qu'un type de personnes et de se retrouver avec un groupe d'employés qui pensent tous de la même manière, qui ne se remettent jamais en question et qui ne sont pas nécessairement équipés pour faire face à toutes les situations.

Les préjugés peuvent également porter sur la nature des postes à pourvoir. Il se peut que vous valorisiez la mise en marché et que vous trouviez la comptabilité plus accessoire. Vous évaluerez alors plus favorablement vos créateurs publicitaires que votre contrôleur. Que devra faire votre contrôleur pour se faire apprécier ? Aimeriez-vous vraiment qu'il devienne plus créatif dans sa manière de jongler avec les chiffres ?

S'il vous est impossible de faire fi de vos préférences, évaluez vos employés avec l'aide d'une personne de confiance ou d'un professionnel du service des ressources humaines.

Dans un deuxième temps, **prenez garde à l'effet de récence.** On parle d'effet de récence lorsque le souvenir d'événements récents affecte la perception des événements plus anciens. Ce phénomène peut jouer dans l'évaluation de la performance d'un employé. Ainsi, un patron qui en serait victime accorderait une note plus faible pour le critère de l'assiduité à l'employé arrivé en retard la veille, même s'il a été ponctuel pendant les 15 dernières années. Pour ce même critère, le nouvel employé qui travaille dans l'organisation depuis une semaine, et qui s'y est présenté à l'heure chaque matin, se verrait accorder une note parfaite.

Dans un troisième temps, **méfiez-vous de l'effet Pygmalion.** Il arrive qu'un patron apprécie tellement un employé qu'il en vient à ne plus percevoir les faiblesses de ce dernier. Cet employé a beau commettre des erreurs, on passe l'éponge. L'effet Pygmalion est quelquefois provoqué par le besoin de repos : un travailleur jugé indispensable a tellement hâte de prendre enfin un congé qu'il en vient à choisir n'importe qui pour le remplacer. Plus vite il annoncera que la relève est prête, plus vite il pourra prendre une semaine de vacances.

Voilà pour les mises en garde. Maintenant, comment vous y prendre pour évaluer la performance de chacun de vos employés ? Vous pouvez procéder en quatre temps.

1. Consultez les évaluations de rendement antérieures. Si votre organisation a déjà recours à une évaluation du rendement, ne reprenez pas le travail ! Une lecture attentive des rapports d'évaluation vous donnera une idée de la performance actuelle de chaque employé.

2. Évaluez leur capacité à atteindre les objectifs. Si chaque année vous vous entendez avec vos employés sur les objectifs à atteindre, vous pouvez comparer ceux-ci à leur performance réelle. Ainsi, le mécanicien qui devait installer une machine-outil en moins de 30 jours et qui atteint cet objectif recevra une bonne note. Le représentant commercial qui devait vendre pour 800 000 $ dans l'année et qui surpasse ce montant de 15 % aura une excellente note. Des objectifs réalistes, mesurables, limités dans le temps et connus de toutes les personnes concernées constituent un excellent moyen d'évaluer la performance du personnel.

3. Discutez avec les responsables. Si vous n'êtes pas en contact direct avec les employés et que vous ne procédez pas systématiquement à des évaluations de rendement, posez des questions à leurs superviseurs. L'employé fait-il bien son travail ? Son rendement est-il satisfaisant ? Quelles sont ses principales forces ? Vous devrez cependant prendre garde de n'être pas influencé par les idées préconçues de ces superviseurs.

4. Élaborez un tableau de pointage. Vous pouvez procéder à une évaluation ponctuelle de tous les employés que vous côtoyez chaque jour et demander à chaque superviseur d'évaluer ceux avec qui vous avez peu de contacts. Pour ce faire, vous utiliserez un tableau dans lequel vous aurez inscrit les critères d'évaluation importants. Voici un modèle de tableau de pointage.

Nom de l'employé :					
Critères d'évaluation	**1**	**2**	**3**	**4**	**5**
Qualité du travail					
Contribution à l'équipe					
Connaissance du travail					
Esprit d'initiative					
Fiabilité					
Créativité					

En évaluant un employé à partir de ces six critères et en lui donnant une note de 1 (très faible performance) à 5 (très bonne performance), vous obtiendrez une note sur 30. Par la suite, en comparant les scores, vous saurez où chaque employé se situe par rapport aux autres.

Ne vous contentez pas des critères suggérés ici ; utilisez ceux qui sont pertinents pour votre organisation. Au besoin, combinez quelques méthodes d'évaluation. Vous obtiendrez ainsi un portrait plus fiable.

Grâce à cet exercice, vous disposez d'un tableau dans lequel la performance de chaque employé est notée. Ramenez alors cette note sur 100 aux fins d'un autre exercice qui se trouve plus loin dans ce chapitre. Il est encore trop tôt pour offrir des promotions aux employés affichant les meilleures notes. Il vous reste un travail à effectuer avant de faire quoi que ce soit avec ces données.

L'ÉVALUATION DU POTENTIEL DES EMPLOYÉS

La performance actuelle d'un employé ne constitue pas un indicateur fiable de ses capacités. Ce n'est pas parce qu'un livreur, par exemple, s'acquitte de ses tâches de manière exemplaire qu'il ferait nécessairement un bon chef expéditeur. De même, un mécanicien qui fait bien son travail n'a pas nécessairement envie de se retrouver en contact direct avec la clientèle.

Un déplacement vertical dans l'organigramme suppose d'autres talents que ceux évalués à l'étape précédente. Évaluer le potentiel d'un employé, c'est tenter de percevoir ces autres talents.

Le tableau suivant vous aidera à faire cet exercice. Pour chaque dimension, accordez une note de 1 (ce talent semble absent chez cet employé) à 10 (ce talent est manifeste chez cet employé).

Nom de l'employé :										
Critères d'évaluation	1	2	3	4	5	6	7	8	9	10
Le désir d'apprendre										
Les habiletés à influencer les autres										
Le potentiel de représentation										
L'ouverture au changement										
L'intérêt envers les autres										
Les habiletés à planifier										
La capacité d'établir des priorités										
Les habiletés à budgéter										
Les habiletés à communiquer										
La capacité de décider										

Ces quelques pistes de questionnement pour chacune des dimensions vous aideront dans votre démarche.

Le désir d'apprendre. Plus un individu progresse dans une organisation, plus il doit être animé par le désir d'apprendre. En effet, chaque promotion nécessite un apprentissage. Posez-vous ces questions pour évaluer un employé sur ce point : A-t-il appris quelque chose de nouveau sur nos produits ou services depuis un an ? Tente-t-il de comprendre pourquoi nous avons pris telle décision ? Suit-il des cours du soir ? Est-il enthousiaste quand nous offrons de la formation ? Lit-il des magazines portant sur notre secteur d'activité ?

Les habiletés à influencer. Plus un individu progresse dans une organisation, plus il doit user d'influence pour faire valoir son point de vue ou un projet. S'il n'a pas suffisamment de crédibilité, il doit se trouver des alliés. Ceux qui ne possèdent pas ces habiletés ont tendance à perdre tous leurs moyens dans l'adversité. Pour évaluer un employé sur ce point, posez-vous les questions suivantes : Sait-il faire valoir son point de vue sans se mettre ses collègues à dos ? Jouit-il déjà d'un bon réseau dans l'organisation ? Peut-il dire ses quatre vérités à un collègue sans que leur relation au travail en souffre ?

Le potentiel de représentation. Demanderiez-vous à cet employé de représenter votre entreprise à un événement de la Chambre de commerce ? Le laisseriez-vous vous remplacer à une réunion de votre groupement d'achat ? Seriez-vous fier qu'il vous représente ou espéreriez-vous, dans votre for intérieur, qu'il ne vous fasse pas honte ? Le potentiel de représentation repose à la fois sur le professionnalisme de l'employé et sur son sens politique. Certains l'ont ; d'autres, pas.

L'ouverture au changement. Plus on progresse dans une organisation, plus on cherche à améliorer les façons de faire. Ces remises en question nécessitent une bonne ouverture au changement. L'individu qui résiste au changement préférera le statu quo. Il deviendra un obstacle à l'adaptation de l'organisation à son environnement.

L'intérêt envers les autres. Dès qu'il atteint un poste de supervision, l'employé doit devenir un coach et aider ses subalternes à devenir plus efficaces. Pour que cette tâche soit convenablement exécutée, il faut connaître ce que l'autre peut encore améliorer : il faut s'intéresser à lui. Les individus qui ne pensent qu'à eux font rarement de bons superviseurs.

Les habiletés à planifier. Il n'y a pas que les gestionnaires qui ont besoin de planifier. Toute personne qui effectue un travail non routinier doit savoir planifier. L'électricien qui se rend compte, une fois en haut de l'échafaudage, qu'il a oublié son matériel en bas, ne sait pas planifier son travail. Il en va de même du vice-président qui commande un nouveau système informatique sans prévoir un budget de formation pour ceux qui devront s'en servir. Cette personne planifie-t-elle son travail afin d'être plus efficace?

La capacité d'établir des priorités. À mesure qu'une personne progresse dans une organisation, le nombre de requêtes qui lui sont adressées augmente. Si elle ne sait pas distinguer les demandes urgentes de celles qui le sont moins, elle investira mal son temps. L'aptitude à voir l'essentiel tient en bonne partie de la compréhension du plan stratégique de l'organisation et de la capacité d'évaluer, dans le feu de l'action, si telle requête aidera l'organisation à atteindre ses objectifs à moyen ou à long terme. À mesure que ses responsabilités grandiront, la personne qui n'arrive pas à faire la part des choses s'épuisera.

Les habiletés à budgéter. Les gens ne naissent pas égaux en regard de leurs habiletés à jongler avec les chiffres. Pour certains, c'est un plaisir de suivre de près tous les postes budgétaires relatifs à la réalisation d'un projet. D'autres s'en remettent à la pensée magique et espère que le projet, une fois réalisé, n'aura pas coûté trop cher. Cet employé est-il à l'aise avec les chiffres? Peut-il lire des états financiers? Peut-il comprendre un budget prévisionnel?

Les habiletés à communiquer. La capacité d'écoute, la capacité de s'affirmer et l'habileté à gérer les conflits sont nécessaires à celui qui veut progresser dans une organisation. Il lui faut également être capable de communiquer. Cet employé s'assure-t-il d'avoir bien compris votre requête avant de hocher la tête? A-t-il tendance à fuir les conflits ou à vouloir les régler? Préfère-t-il se taire ou faire valoir ses bonnes idées?

La capacité de décider. On pourrait écrire un livre sur le thème de la prise de décision! La capacité des êtres humains à décider évolue à mesure qu'ils prennent de l'âge ou qu'ils vivent des épisodes tumultueux. Certaines personnes prennent leurs décisions rapidement, tandis que d'autres paniquent à la seule idée de devoir décider. Combien d'organisations sont disparues parce que le gestionnaire responsable reportait constamment une décision cruciale?

Encore une fois, ne vous contentez pas des critères présentés dans ce tableau. Utilisez ceux qui correspondent à la réalité de votre organisation. Au terme de cet exercice, vous devriez avoir une série de tableaux dans lesquels le potentiel de chaque employé est noté. Jusqu'à maintenant, vous avez calculé deux notes – la performance et le potentiel – pour chaque employé.

LE CLASSEMENT

Sur une grande feuille, reproduisez le graphique suivant. Vous retrouvez, sur l'axe horizontal, la performance des employés et, sur l'axe vertical, leur potentiel. Remarquez que chaque axe va de 0 à 100. N'hésitez pas à modifier l'échelle si vous avez ajouté ou omis des critères d'évaluation.

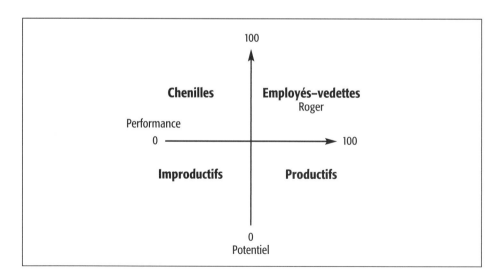

Remarquez où se situe le prénom Roger dans le graphique. Il occupe cette position parce que la performance de Roger a obtenu le score de 75, tout comme son potentiel.

Inscrivez le nom de vos employés à l'endroit correspondant à leurs scores respectifs. Voyons maintenant comment interpréter ces résultats à l'aide des quadrants du graphique.

1. Les employés-vedettes

Les employés situés dans le quadrant supérieur droit du graphique sont vos employés-vedettes. Non seulement leur performance actuelle est des plus intéressantes, mais leur potentiel est élevé. Ces employés ont ce qu'il faut pour devenir vos futurs leaders.

Commencez par les fidéliser afin qu'ils déclinent les offres d'emploi de vos concurrents. Comment ? En les récompensant adéquatement, en favorisant le travail d'équipe, en tenant compte de leur situation familiale dans votre gestion quotidienne, en gérant mieux l'image que votre organisation projette dans les médias ou en leur fournissant une formation continue afin qu'ils se maintiennent à la fine pointe de leur art.

Ensuite, testez-les. Leur position dans ce quadrant n'est peut-être pas celle où ils devraient se trouver. Vous avez peut-être été victime de vos préjugés ou subi l'effet de récence, ou l'effet Pygmalion. Pour vous assurer que ces personnes peuvent vraiment devenir vos futurs leaders, offrez-leur un camp d'entraînement (nous décrivons cette activité plus loin dans ce chapitre).

Puis, rencontrez ces employés, parlez-leur de vos aspirations pour eux, concevez un programme de perfectionnement et de mentorat. Ainsi, ils sauront qu'ils pourront gravir les échelons et ne regarderont pas ailleurs.

Il va sans dire que la direction d'une entreprise en croissance arrive plus facilement à fidéliser ses employés-vedettes : elle présente plus de chances que des postes soient créés aux échelons supérieurs.

Si vous n'avez aucun membre de votre personnel dans ce quadrant, demandez-vous sérieusement si vous n'en êtes pas responsable. Payez-vous vos employés en-dessous du prix du marché ? Votre organisation est-elle sur une pente descendante, ce qui pousse vos meilleurs éléments à aller voir ailleurs ? Que se passe-t-il ?

Cela ne veut pas dire que vous serez à court de leaders. Vous mettrez par contre plus de temps à les former. Voyons ce qu'il en est.

2. Les travailleurs productifs

Situés dans le quadrant inférieur droit du graphique, les travailleurs productifs offrent une bonne performance dans leur emploi actuel, mais leur potentiel est faible. Ces bons employés s'appliquent et effectuent leurs tâches convenablement, sauf qu'ils ne cherchent pas à améliorer leur sort.

Le plus souvent, les employés productifs se réalisent ailleurs qu'au travail (au sein d'organismes caritatifs, dans des activités communautaires, des projets personnels, etc.). Ils ont à cœur de vous offrir un travail de qualité en échange de leur salaire.

Les travailleurs productifs aussi doivent être fidélisés. Vous avez besoin d'eux et vous ne voudriez pas avoir à les remplacer. Si vous pouvez l'éviter, ne les placez pas en équipe avec les employés situés dans le quadrant inférieur gauche du graphique. Leur productivité et leur plaisir au travail risqueraient de chuter, et ils pourraient eux-mêmes se retrouver dans ce quadrant à court terme.

Faites-en de meilleurs employés encore en leur offrant de la formation qui leur permettra de mieux faire leur travail. Ce faisant, la productivité de votre organisation ira en croissant.

De plus, rencontrez-les une fois ou deux par an. Cherchez à savoir ce qu'ils apprécient et ce qui les irrite. Vous saurez ainsi où concentrer vos efforts pour continuer à les fidéliser. Profitez également de ces rencontres pour confirmer qu'ils n'aspirent pas à d'autres postes dans l'organisation. S'ils vous le confirment, respectez leur décision ; vous ne rendriez service à personne en leur offrant une promotion. S'ils vous avouent qu'ils espèrent un jour assumer de plus grandes responsabilités, offrez-leur des activités de formation pour développer leur potentiel. Ils pourront alors grimper dans le quadrant supérieur droit du graphique.

Il peut être maladroit d'imposer une promotion à un employé productif. Ce dernier est souvent très lié à ses compagnons de travail et il n'a pas envie de devenir leur supérieur. Ayez une bonne discussion avec lui avant de lui offrir un nouveau poste.

3. Les travailleurs improductifs

Les employés qui se trouvent dans le quadrant inférieur gauche du graphique font partie du bois mort. Leur rendement est insatisfaisant, et leur potentiel, limité. Que faire d'eux ? Plusieurs choix s'offrent à vous.

Transformez-les en travailleurs productifs. Si vous décidez de les garder malgré leur piètre performance, tentez de leur offrir une formation pertinente à leur poste. Il est inutile d'espérer les transformer en employés-vedettes.

Si les conditions du marché le permettent et que vous pouvez aisément les remplacer par des travailleurs productifs, montrez-leur la porte. Dans bien des cas, le bois mort a un effet néfaste sur le moral des troupes. Peut-être serez-vous surpris d'apprendre, en lisant *Mon rôle de boss : le comprendre, en sortir indemne,* que nombre d'employés seront contents de prendre un congé aux frais de l'assurance-emploi.

Dans certains cas (convention collective blindée, membre de la direction, etc.), si l'employé nuit vraiment au climat de travail mais que vous ne pouvez pas vous en départir, il peut être plus avantageux de le payer pour qu'il reste chez lui.

Finalement, il est possible de transformer les employés improductifs en travailleurs productifs en automatisant les processus d'affaires. Vous réduisez alors l'ampleur des compétences requises afin d'assumer l'emploi et, ce faisant, vous faites grimper le score relatif de ces employés.

4. Les chenilles

Tout comme les chenilles qui prennent tout leur temps pour se métamorphoser en papillons, ces employés fournissent un faible rendement tout en présentant les caractéristiques d'un employé prometteur. Ils sont situés dans le coin supérieur gauche du graphique.

Se peut-il que la performance actuelle d'un travailleur classé dans ce quadrant ne soit qu'un pâle reflet de celle qu'il offrait à son entrée dans votre organisation ? Est-il possible qu'il s'agisse d'un employé de longue date qui, se sentant plafonné, a peu à peu décidé de végéter ? Dans ce cas, en lui proposant un poste à la mesure de ses capacités, vous le transformerez en employé-vedette.

Par ailleurs, se peut-il que le programme d'intégration de votre entreprise présente des lacunes et que vous n'arriviez pas à bien former vos nouveaux employés ? Si un travailleur est mal intégré à l'organisation, sa performance ne sera jamais satisfaisante.

Ayez une discussion franche avec l'employé situé dans ce quadrant. Parlez-lui de ce que vous pourriez lui offrir prochainement, mais insistez sur le fait que son rendement doit s'améliorer.

Il se peut que ceux classés là soient de très bons employés qui s'accrochent à un emploi qui n'est pas fait pour eux. Vous devez évaluer si vous pouvez leur offrir un poste qui leur conviendra. Si ce n'est pas le cas, pour leur bien et pour le bien de votre organisation, aidez-les à faire le saut à l'extérieur. Par contre, si vous avez un poste à leur mesure, ils pourraient devenir des employés-vedettes.

LE CAMP D'ENTRAÎNEMENT

Vous avez identifié vos employés-vedettes, ces personnes aptes à relever de plus grands défis encore. Quand ils seront mutés à d'autres postes, des travailleurs prometteurs et des productifs ou des ressources repêchées à l'externe les remplaceront.

Qu'est-ce qui vous dit, cependant, que vous avez bien évalué ces personnes et qu'il s'agit effectivement d'employés-vedettes? Pour vous en assurer, vous leur imposerez un camp d'entraînement.

Le camp d'entraînement d'une équipe sportive permet à l'entraîneur d'évaluer les forces et les faiblesses de chacun des joueurs et de découvrir dans quelles situations il fonctionne au maximum de son potentiel. Dans une organisation, le camp d'entraînement vise à déterminer si un employé a bel et bien le potentiel pour accéder à un autre poste. Il peut durer quelques heures, une journée, deux semaines ou six mois, comme le montrent ces exemples.

▸▸ La contremaîtresse de l'équipe de nuit prendra bientôt ses vacances annuelles. Julie la remplacera, tandis que Mireille, la contremaîtresse de jour, agira comme personne-ressource si quelque chose tourne mal.

▸▸ On a confié à Yvon la tâche de préparer le stand de l'entreprise pour la foire régionale. Afin de relever ce défi, il devra travailler en équipe avec les gens du marketing, ceux de la production et ceux de la livraison.

▸▸ Éric représentera son ministère au colloque de Chicoutimi. Il fera une brève allocution avant de présenter le conférencier principal. Par la suite, il participera à un cocktail réunissant les membres de la Chambre de commerce.

L'organisation qui met en place un camp d'entraînement court toujours un risque. Si Julie planifie mal son travail, la productivité de l'équipe de nuit diminuera. Si Yvon n'est pas à la hauteur, l'image de l'entreprise s'en ressentira. Finalement, si Éric fait une bourde, la réputation du ministère sera entachée. En raison de ce risque, le choix du camp d'entraînement doit être stratégique. Par exemple, si la survie de l'entreprise pour laquelle travaille Yvon dépend des retombées de la foire commerciale, il vaut mieux qu'une personne plus expérimentée prépare le stand.

Pour réduire les risques, on prévoit des solutions de rechange. Par exemple, Mireille sera disponible si Julie éprouve des problèmes difficiles à régler. Yvon devra présenter trois rapports d'étape pendant qu'il prépare le stand. Un conseiller d'expérience accompagnera Éric et pourra prendre la relève au besoin.

GRILLE D'ÉVALUATION

Nom de la personne évaluée :

1. **Attribuez une note allant de 0 à 10 (10 représentant une note parfaite) à ce coéquipier pour chacun des 15 énoncés suivants.**

1. Il apporte de bonnes idées.	0	1	2	3	4	5	6	7	8	9	10
2. Il est ouvert aux idées des autres.	0	1	2	3	4	5	6	7	8	9	10
3. Il sait partager le leadership.	0	1	2	3	4	5	6	7	8	9	10
4. Il favorise la prise de décision.	0	1	2	3	4	5	6	7	8	9	10
5. Il est ouvert aux préoccupations des autres.	0	1	2	3	4	5	6	7	8	9	10
6. Il planifie bien le travail.	0	1	2	3	4	5	6	7	8	9	10
7. Il va à l'essentiel.	0	1	2	3	4	5	6	7	8	9	10
8. Il sait écouter.	0	1	2	3	4	5	6	7	8	9	10
9. Il ne perd pas de vue l'objectif de l'équipe.	0	1	2	3	4	5	6	7	8	9	10
10. Il a à cœur de faire un bon travail.	0	1	2	3	4	5	6	7	8	9	10
11. Il sait partager ses connaissances.	0	1	2	3	4	5	6	7	8	9	10
12. Il est fiable.	0	1	2	3	4	5	6	7	8	9	10
13. Il contribue positivement à l'équipe.	0	1	2	3	4	5	6	7	8	9	10
14. Il sait faire participer ceux qui parlent peu.	0	1	2	3	4	5	6	7	8	9	10
15. Il sait reconnaître les forces de chacun.	0	1	2	3	4	5	6	7	8	9	10

2. **Que pourrait faire ce coéquipier pour améliorer son rendement dans un travail d'équipe ?**

3. **Aimeriez-vous faire de nouveau équipe avec cette personne ?**

Signature :

Évidemment, un camp d'entraînement serait inutile sans l'évaluation de l'employé, laquelle peut se faire en examinant ses résultats ou en sondant ses pairs.

1. L'évaluation des résultats obtenus. Ce type d'évaluation requiert qu'on utilise un ou plusieurs indicateurs de performance. Dans le cas de Julie, ce pourrait être le maintien de la productivité de l'équipe de nuit. Dans le cas d'Yvon, ce serait le respect du budget et la satisfaction générale des visiteurs.

2. L'évaluation par les pairs. Pour ce mode d'évaluation, il faut qu'un mentor, un superviseur ou des coéquipiers puissent faire un bilan de l'activité. Dans le cas d'Éric, l'évaluation sera effectuée par le conseiller d'expérience qui l'accompagne.

Évidemment, ces deux méthodes d'évaluation peuvent être combinées. Soumise à tous les membres de l'équipe après un camp d'entraînement, la grille d'évaluation vous permet de confirmer la valeur de l'employé et de dégager des pistes de perfectionnement.

CET EMPLOYÉ EST-IL INTÉRESSÉ À DEVENIR UN LEADER ?

Il est possible que le candidat que vous pressentez pour devenir un leader ne veuille pas changer de statut. Peut-être vous annoncera-t-il qu'il est très heureux dans son poste et qu'il ne comprend pas l'attention soudaine que vous lui portez. Pour ces raisons, une discussion franche et cordiale, qui inclura les points suivants, est de mise.

La raison de votre intérêt. Vous n'avez pas identifié ce candidat pour rien. Vous avez évalué sa performance comme son potentiel et vous avez été impressionné. Dites-le-lui. Ce n'est pas au premier venu que vous parlez ; vous l'avez choisi.

La formation envisagée. Ce n'est pas nécessairement une promotion que vous offrez à cette personne, mais peut-être simplement une occasion d'apprentissage. L'employé à remplacer peut très bien rester en poste pendant encore 1 an… ou 10! Faites comprendre à votre candidat que vous lui offrez la possibilité d'accroître son employabilité. Par le fait même, vous minimisez les risques de crise dans votre organisation.

Les suites de la formation. Soyez clair sur le fait qu'une fois sa formation terminée votre candidat ne changera pas nécessairement de travail. Cependant, parce que sa valeur aura grimpé, son salaire devrait automatiquement faire de même. Expliquez-lui les avantages qu'il obtiendra s'il accepte votre proposition.

Le respect de sa décision. Assurez votre employé que votre relation ne sera pas compromise s'il décline votre offre.

Répondez à toutes les questions de votre candidat et accordez-lui quelques jours de réflexion. Faites-lui lire, pendant cette période, la section intitulée *L'autoévaluation,* au chapitre 7. S'il préfère le statu quo, vous devrez vous tourner vers un autre futur leader.

3 | La préparation de la relève

Jusqu'à maintenant, vous avez dressé la liste des remplacements prévisibles contre lesquels vous deviez prémunir votre organisation, puis vous avez déterminé quelles personnes, dans celle-ci, pouvaient devenir des leaders. Vous leur avez même offert un camp d'entraînement pour qu'elles puissent faire leurs preuves.

Vous vous retrouvez maintenant avec, d'un côté, des postes que vous devrez tôt ou tard pourvoir et, de l'autre, des individus présentant le potentiel pour le faire. Ce chapitre vous permettra de bâtir un pont entre les deux. Vous rendrez vos éléments les plus prometteurs capables d'occuper les postes à mesure qu'ils se libéreront.

D'abord, nous vous présentons le processus dans son ensemble ; ensuite, nous en décortiquons chacune des étapes.

LE PROCESSUS DE PRÉPARATION EN BREF

Une fois qu'un candidat prometteur a été identifié, sa préparation suit généralement les **8 étapes** présentées dans le graphique suivant.

Premièrement, on décide du poste en vue duquel ce candidat sera préparé. En effet, comme nous le verrons au chapitre 6, il fait peut-être partie d'un bassin de futurs leaders préparés en fonction des besoins à venir de l'organisation. Dans ce cas, il ne sait toujours pas quels défis il devra relever.

Deuxièmement, on décèle les lacunes du candidat, ce qui l'empêche de remplacer immédiatement le détenteur actuel du poste.

Troisièmement, on établit avec le candidat son programme de formation.

Quatrièmement, on prépare un échéancier grâce auquel le gestionnaire saura quand le candidat devra s'absenter pour suivre des activités de formation et quand il sera prêt à occuper son nouveau poste.

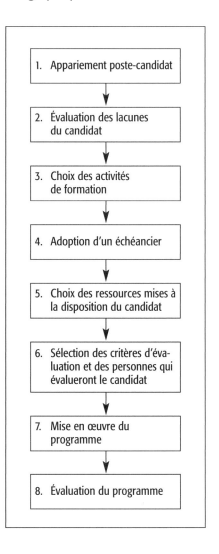

1. Appariement poste-candidat
2. Évaluation des lacunes du candidat
3. Choix des activités de formation
4. Adoption d'un échéancier
5. Choix des ressources mises à la disposition du candidat
6. Sélection des critères d'évaluation et des personnes qui évalueront le candidat
7. Mise en œuvre du programme
8. Évaluation du programme

Cinquièmement, on détermine quelles ressources seront mises à la disposition du candidat pendant son programme de formation. Ces ressources peuvent être financières ou humaines.

Sixièmement, on définit les critères qui serviront à évaluer le candidat et on sélectionne les personnes qui procéderont à l'évaluation.

Septièmement, le programme de formation est lancé. Enfin, huitièmement, il est évalué lorsqu'il est terminé. Cette dernière étape est importante parce qu'elle permet d'y apporter des correctifs qui rendront la préparation d'un prochain candidat encore plus facile.

Selon le cas (et l'organisation), ce processus de préparation de la relève pourra durer quelques jours, un mois ou plusieurs années. Il pourra coûter quelques centaines ou plusieurs milliers de dollars.

ÉTAPE 1 : L'APPARIEMENT DU CANDIDAT À UN POSTE

Dans beaucoup d'organisations, on n'attend pas d'avoir défini des besoins de relève avant de parfaire les compétences des employés prometteurs. Pour chaque employé, on fixe, une fois par an, des objectifs d'apprentissage qui permettront au travailleur improductif de devenir productif, au non performant qui a du potentiel de se transformer en employé-vedette, au productif de devenir un employé-vedette et à l'employé-vedette de s'améliorer encore.

Avec le temps, ces organisations se retrouvent avec un bassin d'employés-vedettes qui ne savent pas nécessairement ce qu'il adviendra d'eux. Parallèlement, la direction scrute les besoins de relève. Si un besoin est criant, on enclenche le processus en faisant l'appariement poste-candidat.

Les questions suivantes vous aideront dans cette première étape.

Avons-nous vraiment le choix ?

Dans certains cas, la convention collective ou la réglementation en vigueur ne vous laissent pas le choix. Quand la convention prévoit que vous devez procéder à un affichage et que le poste ira au candidat intéressé possédant le plus d'ancienneté, l'appariement s'effectuera à partir de ce seul critère.

Dans d'autres cas, le détenteur d'un poste doit obligatoirement posséder un titre professionnel. S'il n'y a qu'une seule personne détenant ce titre, le poste lui reviendra.

Malheureusement, avec ce type de sélection, ce ne sont pas automatiquement les employés-vedettes qui gravissent les échelons. Il se peut très bien que cette occasion revienne à un travailleur improductif.

Qui a le tempérament voulu pour connaître du succès dans ce poste ?

La formation permet d'acquérir des connaissances, de développer des habiletés ou d'adopter de nouveaux comportements, mais elle ne change pas les gens. Si le poste requiert du bagout et que vous l'offrez à un employé-vedette introverti, vous allez au-devant d'un échec. Si l'emploi exige un grand souci du détail et que vous l'offrez à un type intuitif, vous vous trompez tout autant.

Bref, ne tentez pas de changer la personnalité d'un employé, c'est peine perdue. Son estime personnelle en prendrait un coup, et la productivité de votre organisation serait compromise.

Qui a manifesté de l'intérêt pour ce poste ?

Un de vos employés-vedettes vous a informé que ce poste l'intéressait ? Les chances qu'il entreprenne le programme de formation avec entrain, en y investissant temps et énergie, sont bien plus grandes que chez un employé moyennement intéressé que vous auriez forcé à s'y soumettre.

Il est dangereux d'ignorer l'employé qui vous a signifié son intérêt pour un poste. Vous vous en feriez un ennemi qui se cherchera un emploi ailleurs.

Le détenteur du poste a-t-il des atomes crochus avec des collègues?

Si vous prévoyez que le candidat retenu devra, pendant un certain temps, faire équipe avec le détenteur actuel du poste, il vaut mieux choisir quelqu'un avec qui la personne en poste s'entend bien.

Dans le cas contraire, le lien de mentorat sera factice et le programme de formation risque fort d'échouer. Pire, en imposant ce lien, vous pourriez perdre ces deux personnes d'un coup.

Qui peut être remplacé dans son poste actuel?

Certaines personnes pourraient progresser dans l'organisation si elles n'étaient pas irremplaçables dans leur poste actuel. Si vous vous privez d'offrir un poste à un employé parce que personne ne peut faire son travail, votre organisation est en danger.

Que se passerait-il si ce travailleur était victime d'un accident ou si un concurrent venait vous le ravir? Commencez immédiatement à préparer la relève d'une personne apparemment irremplaçable.

ÉTAPE 2 : L'ÉVALUATION DES LACUNES DU CANDIDAT

Une fois le candidat choisi, il vous faut, pour bien le former, déterminer ce qui lui manque pour être aussi efficace que l'employé à remplacer. Pour ce faire, vous procéderez en trois temps.

1. Analyser les caractéristiques du détenteur du poste

Qu'est-ce qui rend le détenteur du poste difficile à remplacer? Vous avez répondu à cette question au chapitre 1, quand vous avez établi la valeur de son savoir, de son réseau, de son statut et de ses compétences particulières. Au chapitre 2, vous avez évalué la performance de cet employé et son potentiel. Vous devriez donc, à l'aide du tableau suivant, pouvoir dégager ce qui le rend unique.

Nom de l'employé à remplacer :	
Critères d'évaluation	**Ce qui le rend unique**
Son savoir	
Son réseau	
Son statut	
Ses compétences	
Sa performance	
Son désir d'apprendre	
Ses habiletés à influencer les autres	
Son potentiel de représentation	
Son ouverture au changement	
L'intérêt qu'il porte aux autres	
Ses habiletés à planifier	
Sa capacité d'établir des priorités	
Ses habiletés à budgéter	
Ses habiletés à communiquer	
Sa capacité de décider	

Vous pouvez ajouter ou supprimer des critères. Ce que vous devez découvrir, c'est ce qui rend cet employé unique pour votre organisation. Si vous n'y arrivez pas, vous ne pourrez pas concevoir un bon programme de formation. Comme le montrent les exemples suivants, un employé peut se distinguer à l'égard de plusieurs critères ou de quelques-uns seulement.

▶▶ Luc : « Ce qui distingue ce contremaître, c'est qu'il connaît à fond toutes les opérations et toutes les machines. Si un employé ne rentre pas au travail ou si un goulot d'étranglement survient, il saute dans la mêlée et ramène l'ordre en un temps record. En situation de crise, notre contremaître précédent s'énervait et n'arrivait à rien. »

▶▶ Marie : « Dans notre librairie, Mireille se démarque des autres conseillers par sa culture générale. Elle s'intéresse à tout et peut soutenir une conversation avec n'importe quel client, que ce soit un étudiant ou un professionnel. Les clients l'apprécient beaucoup. »

▶▶ Louise : « C'est sa capacité à simplifier les problèmes complexes et à les présenter qui rend Denis aussi important pour notre organisation. Il peut mettre n'importe quel auditoire dans sa poche. Il réussit à convaincre des clients potentiels de la valeur de nos services. »

▶▶ Marc : « Si Gaston est aussi crédible aux yeux de nos partenaires, c'est parce que sa chronique, dans la revue *Ingénieurs en santé*, est lue par à peu près tout le monde. Souvent, Gaston n'a même pas besoin de se présenter ; les gens le reconnaissent et lui font confiance. »

Prenez votre temps pour procéder à cette analyse et assurez-vous de la justesse de vos conclusions. Luc, par exemple, fait ressortir la polyvalence de son contremaître, mais son sang-froid est aussi une caractéristique très appréciée.

2. Prévoir l'évolution du poste

Les temps changent, l'environnement évolue. Au fil du temps, les tâches peuvent se modifier, avec pour résultat que l'employé-vedette d'aujourd'hui, s'il reste en place, n'offrira pas nécessairement la même performance l'an prochain ou dans deux ans. Pour bien définir les besoins de formation, tentez de prévoir l'évolution du poste. Voici des exemples pour vous inspirer.

Les changements technologiques. «Notre système informatique a été programmé en COBOL à la fin des années 70. Le code est tellement "patché" qu'il est illisible pour la plupart des programmeurs. Paul fait admirablement bien son travail, mais il nous faudra actualiser notre parc informatique. Notre prochain directeur des services informatiques devra participer à l'élaboration d'un cahier de charges, et il devra connaître les systèmes d'exploitation et de base de données d'aujourd'hui.»

Le développement de nouveaux marchés. «Nous sommes en train d'établir des liens d'affaires avec des clients du sud des États-Unis. D'ici quelques mois, il faudra que nos représentants commerciaux puissent répondre aux clients non seulement en français et en anglais, mais aussi en espagnol. Denise fait très bien son travail, mais comme elle ne parle pas l'espagnol, elle ne sera plus en mesure d'occuper ce poste.»

Un changement de gouvernement. «Notre bureau d'ingénieurs vient de connaître plusieurs années prospères. Mais, étant donné le récent changement de gouvernement, nous nous demandons si nous pouvons garder Jacques aux affaires gouvernementales. Il est trop associé à l'ancien parti au pouvoir. Nous y gagnerions probablement en offrant son poste à une personne aux idées plus conservatrices. Jacques pourra continuer à exercer son influence au palier fédéral.»

Un défi majeur. « Jusqu'ici, diriger le centre commercial demandait une gestion à la petite semaine. Mais dans deux ans, notre hypothèque sera à renégocier. Il faudra de bonnes habiletés de communicateur et de négociateur pour relever ce défi. »

Prévoir l'évolution du poste vous permet de dresser la liste des facteurs de succès pour cet emploi, lesquels ne sont pas l'apanage du détenteur actuel.

Cette projection vous permet également d'offrir dès maintenant de la formation au détenteur actuel du poste si vous prévoyez le garder encore longtemps. Denise, par exemple, pourrait suivre des cours d'espagnol dès aujourd'hui.

Prenez le temps de remplir le tableau suivant. Indiquez, pour un poste donné, les nouveaux facteurs de succès dont vous devrez tenir compte et la raison pour laquelle ils seront dorénavant nécessaires.

Poste :	
Nouveaux facteurs de succès	**Raisons**

3. Évaluer le candidat en fonction du poste

Vous devez maintenant évaluer votre candidat en fonction des critères que vous avez liés au poste à pourvoir. La grille de travail de la page suivante reprend ceux du tableau de la page 56. Nous y avons ajouté deux lignes pour que vous y inscriviez les critères additionnels issus de votre réflexion sur l'évolution du poste. Selon les exemples précédents, une « connaissance pratique de l'espagnol » et des « habiletés en négociation » pourraient être ajoutées à la grille. Nous vous encourageons à bâtir votre propre grille, qui sera basée sur les véritables exigences liées au poste pour lequel vous avez besoin de relève.

Évaluez maintenant votre candidat en fonction de chacun de ces critères. Est-il excellent, correct ou faible ? Plusieurs outils s'offrent à vous pour effectuer cette analyse.

L'observation directe. Si vous pouvez voir travailler le candidat, vous serez en mesure d'apprécier ses habiletés à influencer les autres et à répondre respectueusement aux clients, sa maîtrise de la machinerie ou son ouverture aux besoins de ses collègues. Vous pouvez également l'inviter à un événement mondain ou lui demander de faire une présentation au conseil d'administration afin de valider ses habiletés de communication et son aisance en public.

Les tests des maisons d'enseignement. Plusieurs maisons d'enseignement peuvent évaluer la maîtrise d'une langue chez une personne ou ses connaissances en informatique. Ces tests ne coûtent pas cher et vous permettent de classer rapidement votre candidat. Pensez-y si vous n'êtes pas en mesure d'évaluer vous-même ses habiletés.

Le CV et le dossier administratif. Le CV du candidat vous indiquera les diplômes ou les agréments professionnels qu'il possède. Un coup d'œil à son dossier vous permettra de savoir s'il s'inscrit aux formations que votre entreprise offre à ses employés.

Nom du candidat :			
Désignation du poste :			
Facteur de succès	**Excellent**	**Correct**	**Faible**
Son savoir			
Son réseau			
Son statut			
Ses compétences			
Sa performance			
Son désir d'apprendre			
Ses habiletés à influencer les autres			
Son potentiel de représentation			
Son ouverture au changement			
L'intérêt qu'il porte aux autres			
Ses habiletés à planifier			
Sa capacité d'établir des priorités			
Ses habiletés à budgéter			
Ses habiletés à communiquer			
Sa capacité de décider			

L'évaluation par les partenaires internes. Pour avoir une idée de la perception qu'ont de lui les partenaires du candidat, menez une petite enquête auprès de ses collègues, de ses supérieurs et de ses subalternes.

L'évaluation par les partenaires externes. Si votre candidat entre régulièrement en contact avec vos fournisseurs ou vos clients, sondez leur opinion à son sujet.

L'entrevue avec le détenteur du poste. Vous rencontrerez ensemble le candidat au poste et celui qui l'occupe actuellement. L'objectif de cette rencontre sera de permettre au détenteur du poste de se faire une opinion sur son successeur pressenti.

Les firmes spécialisées. Grâce au concours de spécialistes, qui évalueront votre candidat en le soumettant à des simulations et en lui faisant passer des tests, vous saurez, entre autres choses, s'il réagit bien au stress ou s'il sait établir des priorités.

Le coach. Un spécialiste d'un secteur donné peut suivre votre candidat et vous faire un rapport complet sur ses forces et ses faiblesses. Par exemple, le coach suivra un nouveau vendeur et vous dira ce qu'il pourrait améliorer afin de se hisser parmi les meilleurs. Il ne pourra cependant pas procéder à une évaluation complète du candidat.

Vous connaissez maintenant ce qui différencie le détenteur du poste de l'aspirant à celui-ci. De plus, vous savez quelles compétences seront nécessaires pour relever les défis à venir. Vous prenez conscience de l'écart existant entre cet employé-vedette et ce qu'il doit devenir afin d'accomplir ses tâches de façon satisfaisante.

Il ne faut cependant pas rêver. Vous ne pourrez pas nécessairement combler cet écart. Au cours des étapes suivantes, vous serez d'ailleurs appelé à donner la priorité à certains objectifs du programme de formation. Et dans le pire des scénarios, vous vous rendrez compte que votre candidat ne peut raisonnablement pas espérer devenir un leader. Vous devrez alors reprendre le processus.

ÉTAPE 3 : LE CHOIX DES ACTIVITÉS DE FORMATION

Afin de mettre en place un programme de formation efficace, vous devez déterminer quelles sont vos attentes. Une suggestion : commencez vos phrases par « Nous voulons que… ». Voici quelques exemples.

- Nous voulons que Denise puisse se débrouiller en espagnol.

- Nous voulons que Ginette développe ses habiletés d'oratrice.

- Nous voulons que Christian soit le représentant auprès de la Régie du bâtiment du Québec.

Ces exemples résultent de l'écart entre ce que possède déjà le candidat et ce qu'il devra posséder. Ils serviront à fixer les objectifs du programme de formation. Inscrivez ces besoins dans la première colonne d'un tableau semblable à celui-ci.

Nom du candidat :	
Besoins	**Activités de formation**
1.	
2.	
3.	
4.	

Vous devez maintenant déterminer comment vous comblerez ces besoins. Plusieurs types d'activités peuvent vous y aider. Voyons-en quelques-unes. Les six premières permettront au candidat d'acquérir des connaissances ; les cinq autres l'initieront à la réalité de l'organisation ou lui fourniront l'occasion d'apprendre en travaillant.

1. Les études à temps plein

Le vice-président d'une importante société avait pressenti Linda pour lui succéder quand il prendrait sa retraite, quatre ans plus tard. Il savait cependant que son choix n'obtiendrait pas l'aval du conseil d'administration étant donné que sa protégée n'avait pas son MBA, exigence minimale pour occuper le poste.

Le vice-président a donc obtenu du conseil d'administration une approbation pour que Linda soit libérée de ses fonctions afin de suivre un programme de MBA pour cadres. Pendant les deux années qui ont suivi, Linda a reçu son salaire ; son employeur a même payé ses droits de scolarité.

2. Les séances de formation

Les collèges et universités offrent des séances d'une ou deux journées permettant aux participants d'en apprendre un peu plus sur un champ de connaissances précis. Comme le nombre de participants est souvent limité, les échanges de points de vue sont plus faciles.

3. L'immersion

Marie-Hélène souhaitait mieux parler l'anglais. Elle avait bien quelques connaissances de base mais éprouvait encore de la difficulté à soutenir une conversation. En un an, elle a effectué trois séjours de 10 jours dans l'Ouest canadien. Chaque fois, elle a vécu chez des anglophones unilingues. Le jour, elle devait suivre des cours ; chaque soir, elle participait à des activités avec ses collègues de classe. À la fin de l'année, Marie-Hélène pouvait converser dans cette langue.

4. La formation à distance

Il est possible, si votre entreprise est située en région, qu'aucun établissement d'enseignement n'offre les cours que votre candidat doit suivre. Dans ce cas, la solution qui s'impose est la formation à distance. Parce que cette formule n'impose pas à l'apprenant un horaire précis, votre candidat pourra étudier à son rythme.

5. La formation sur mesure

De nombreuses firmes offrent de la formation. Elles peuvent bâtir un programme de formation sur mesure pour un candidat qui tiendra compte de votre réalité organisationnelle et qui puisera ses exemples dans votre milieu.

6. La formation par un membre de l'organisation

Si un de vos employés est capable de partager son savoir, vous n'avez pas nécessairement à chercher des activités de formation à l'externe. C'est ce qu'a fait ce marchand de meubles. Tous les nouveaux livreurs reçoivent une formation de deux heures offerte par le chef expéditeur. Pendant ces deux heures, les futurs livreurs apprennent à manipuler la marchandise de manière efficace et sécuritaire. Depuis que le programme a été implanté dans l'entreprise, les accidents ont été réduits de 75 %. C'est le chef expéditeur lui-même qui a conçu la formation.

7. Les colloques

Dans un colloque, les participants pourront mettre leurs connaissances à jour et découvrir les nouvelles tendances dans leur secteur d'activité. De plus, parce que les colloques favorisent le réseautage, un employé peut y multiplier les contacts.

8. Le mandat

Le mandat s'apparente au camp d'entraînement dont il a été question dans le chapitre précédent. Grâce à lui, le candidat acquiert de l'expérience plutôt que des connaissances. Idéalement, le mandat permettra au candidat de parfaire ses habiletés et d'avoir une vision plus juste de l'organisation et de ses partenaires.

⯈⯈ Jean travaille pour une firme de conception de logiciels. On l'a choisi pour mener de A à Z l'implantation d'une solution informatique chez un nouveau client. Il devra bien définir les besoins de ce client, superviser l'installation du matériel, former les utilisateurs du système et entrer chaque jour en relation avec eux.

⯈⯈ Raymonde travaille pour un fabricant de revêtements de bâtiments. Elle vient de se voir confier la tâche de passer deux semaines au centre de développement d'un fournisseur afin d'aider les concepteurs à adapter le produit aux nouveaux besoins de l'entreprise. Si l'expérience s'avère concluante, la productivité grimpera d'au moins 5 %.

⯈⯈ Denis travaille pour un ministère à vocation économique qui a de la difficulté à arrimer ses programmes conjoints avec un ministère à vocation sociale. Son superviseur lui a demandé de travailler au sein de l'autre ministère pendant deux mois. Au terme de cette période, Denis doit être en mesure d'expliquer à ses collègues comment pensent les gens de l'autre organisation, quel vocabulaire ils utilisent et pourquoi les projets communs sont si difficiles à mener à terme.

Imaginez l'impact que ces mandats auront sur la vision que Jean, Raymonde et Denis ont de leur organisation. Un conseil s'impose ici : ce type d'activité a encore plus d'effet si un mentor est assigné au candidat. Nous y reviendrons.

9. L'accompagnement

On en apprend beaucoup sur le travail en regardant une personne l'accomplir. L'accompagnement permet au candidat d'apprendre rapidement et de développer une bonne relation avec la personne qu'il doit côtoyer. Voyons quelques exemples.

▶▶ Il a été déterminé que Carole devait parfaire ses habiletés de communicatrice. Elle suivra même un atelier de formation sur ce thème à la fin du mois. D'ici là, elle assistera à la conférence que donne à Trois-Rivières un des meilleurs orateurs du bureau. Après la conférence, ils dîneront ensemble pour discuter de l'événement.

▶▶ Selon son employeur, Samuel doit apprendre à mieux négocier. Cet après-midi, il accompagnera un négociateur chevronné chez un fournisseur. Le but de la rencontre est d'obtenir une compensation du fournisseur pour des pièces défectueuses. Le négociateur prévoit utiliser la technique du bon et du mauvais policier. Vous avez sûrement déjà vu une scène de film où, pendant un interrogatoire, un agent s'énerve et menace l'accusé des pires sévices. Son collègue feint de le calmer et lui suggère d'aller chercher un café. Pendant son absence, il obtient les aveux du prévenu, qui veut éviter à tout prix d'être remis en contact avec le mauvais policier. Samuel sera appelé à jouer ce rôle de mauvais policier. Sur le chemin du retour, ils discuteront de la négociation.

▶▶ Daniel remplacera Roger pendant ses vacances. C'est donc lui qui, pendant trois semaines, se rendra chez les fournisseurs chaque semaine. Aujourd'hui, Daniel accompagne Roger afin de mieux connaître le parcours, de repérer l'accès chez chaque fournisseur et d'y rencontrer les responsables de l'expédition. Désormais, ses nouvelles tâches le stresseront moins.

Pour que l'accompagnement soit le plus fructueux possible, il faut jumeler un employé prometteur à un employé-vedette.

10. La rotation des postes

Aux Équipements BT, les employés sont à leur poste quatre jours par semaine. Le cinquième jour, chacun occupe le poste d'une autre personne. Ce programme de rotation est en place depuis six mois maintenant et il a déjà des effets bénéfiques.

Premièrement, grâce à la rotation des postes, chacun **comprend mieux les fonctions des autres,** ce qui a une incidence positive sur le climat de travail. Il est en effet plus difficile de presser un collègue quand on comprend son travail et tout ce qu'il exige. La rotation des postes rend tout le monde plus empathique.

Deuxièmement, elle permet à chacun d'**être plus polyvalent.** Si un employé ne se présente pas au travail un matin, quelqu'un sera en mesure de le remplacer sur-le-champ. Ainsi, la productivité de l'organisation n'en souffrira pas.

Troisièmement, dans un milieu de travail routinier, elle permet aux travailleurs de **continuer d'apprendre** au lieu de se sentir plafonnés. L'apprentissage continu est un excellent moyen de favoriser la rétention du personnel.

Cette activité n'est cependant pas possible dans des organisations très bureaucratiques, dans les milieux où les fonctions sont spécialisées ou lorsqu'une convention collective régit les tâches de chacun.

11. Le coaching

En situation de coaching, un spécialiste aide une personne à développer des habiletés qui lui font défaut. Voyons quelques exemples.

▶▶ À titre de coach, Marie aide des cadres à parfaire leurs habiletés en communication. Dernièrement, elle a aidé un de ses clients à préparer un discours et elle a supervisé ses répétitions. Elle a évidemment assisté à la présentation du discours. Enfin, elle a commenté la performance de son client et lui a fait quelques suggestions afin qu'il puisse être encore plus à l'aise la prochaine fois.

▶▶ Depuis un mois, Alain accompagne Marlène à chaque séance de négociation. Au préalable, ils préparent l'argumentation qu'utilisera Marlène et, après chaque négociation, ils discutent de ce qui a fonctionné et de ce qui a échoué. En partie parce qu'elle se sent plus sûre d'elle à l'approche d'une négociation, Marlène est devenue une meilleure négociatrice.

Le coaching est populaire actuellement. Les professionnels soucieux d'améliorer leur valeur sur le marché vont jusqu'à embaucher et à payer eux-mêmes leur coach. La clé du succès de ce type de formation est le choix du coach.

Retournez maintenant au tableau de la page 63 dans lequel vous avez inscrit, pour un candidat donné, les besoins à combler. Dans la colonne de droite, inscrivez les activités de formation nécessaires.

Supposons maintenant qu'un imprévu survienne et que ce candidat accède au poste avant d'avoir terminé ses activités de formation. Quelles connaissances ou compétences lui feraient cruellement défaut ? S'il ne les a pas acquises, il est hors de question qu'il accède à ce poste. Il sera jugé incompétent. Inscrivez alors E – pour essentiel – à côté de l'activité de formation indispensable.

À côté de celles qui peuvent être remises à plus tard, inscrivez S – pour souhaitable.

Vous constatez que l'employé doit pouvoir répondre à certains besoins (ceux marqués d'un E) de façon prioritaire. Vous êtes prêt à continuer la démarche.

ÉTAPE 4 : L'ADOPTION D'UN ÉCHÉANCIER

Afin de combler vos attentes, vous devez fixer des objectifs précis et limités dans le temps. Travaillons à partir de l'exemple de Denise : « Nous voulons que Denise puisse se débrouiller en espagnol. »

Un bon objectif doit être **précis**. Que veut dire alors l'expression *se débrouiller*? Faudrait-il que Denise puisse comprendre l'espagnol ou qu'elle le parle couramment? Où Denise doit-elle se situer? Disons que l'objectif de Denise serait d'atteindre le niveau intermédiaire, ce qui sera confirmé par le test d'évaluation linguistique de la Télé-université.

- Peut relever n'importe quel défi.
- Peut former les autres.
- Peut envisager un défi plus grand encore.
- Peut très bien faire le travail.
- Peut accomplir son travail.
- Possède les notions de base.

Un bon objectif est **limité dans le temps.** Si ce n'est pas le cas, on ne pourra jamais savoir s'il a été atteint. L'employeur de Denise pourrait lui donner 18 mois pour atteindre son objectif. Celui-ci deviendrait donc : « Au bout de 18 mois, avoir atteint, en espagnol, le niveau intermédiaire tel que confirmé par le test d'évaluation de la Télé-université. »

Une fois que les objectifs du programme de formation sont clairement formulés, il faut les intégrer à un échéancier qui servira de feuille de route. L'échéancier du programme de formation de Denise pourra vous servir de modèle.

Objectif : Au bout de 18 mois, avoir atteint, en espagnol, le niveau intermédiaire tel que confirmé par le test d'évaluation de la Télé-université.		
Activités	**Début**	**Fin**
Cours ESP-2000 Espagnol – débutants	Septembre	Décembre
Cours ESP-2001 Communication en espagnol	Janvier	Mai
Cours ESP-3001 Conversation en espagnol	Mai	Septembre
Voyage d'immersion Quito, Équateur	10 août	24 août

Le programme de formation de Denise ne comporte qu'un objectif, mais il pourrait très bien en compter trois ou quatre. Si c'était le cas, les activités essentielles (celles marquées d'un E) seraient réalisées en premier, tandis que les autres (celles marquées d'un S) le seraient en fin de parcours.

Si vous vous rendez compte, pendant la préparation du programme, que vous manquerez de temps et que votre candidat ne sera de toute évidence pas prêt dans les délais prévus, il vous faudra envisager une autre candidature.

ÉTAPE 5 : LE CHOIX DES RESSOURCES MISES À LA DISPOSITION DU CANDIDAT

Il arrive que la direction d'une organisation accepte un projet sans s'engager à investir les ressources nécessaires à son succès. On dira par exemple à un ingénieur que son idée de nouveau produit est prometteuse et qu'il peut y travailler, mais on ne lui attribuera pas de budget ou d'équipe. Au bout d'un certain temps, le projet sombrera dans l'oubli.

Il ne doit pas en être ainsi de votre projet de préparation de la relève. Pour chaque programme de formation, vous devez déterminer ce qu'investira votre organisation. Voici quelques exemples des investissements que vous pourriez devoir faire.

Les droits de scolarité. Ils comprennent les frais d'inscription aux cours ou à un colloque et le coût des livres.

Les frais de déplacement. Si vous inscrivez un employé à un colloque qui a lieu à Toronto, ses frais de déplacement et de séjour doivent aussi être portés au compte de l'entreprise.

Le salaire du candidat. Votre candidat sera-t-il rémunéré pendant qu'il se trouvera en classe ? Denise sera-t-elle rémunérée pendant son voyage d'immersion en Équateur ? Daniel sera-t-il payé pendant la journée où il accompagnera Roger chez les fournisseurs ? Probablement.

Le salaire d'autres employés. Qui remplacera Denise pendant son séjour à Quito ? Le salaire qui sera versé à cette personne ne l'aurait pas été s'il n'y avait pas eu de programme de formation. Il faut l'inclure dans le coût de la formation. De plus, si vous assignez à un employé la tâche de former votre candidat, il ne pourra pas faire son travail entre-temps.

Les coûts relatifs à un agrément. L'organisation acquittera-t-elle les frais engagés par le candidat pour l'obtention d'un titre professionnel ou son adhésion à tout autre organisme réglementaire ?

Le salaire du mentor. En ce qui concerne la préparation de la relève, le mentorat est tellement important que nous lui consacrons le chapitre 5. Disons simplement ici que le mentor s'attendra peut-être à être dédommagé pour sa participation au programme de formation. Cela vaut également si vous agissez comme mentor. Vous devrez consacrer du temps à votre candidat, et le temps, c'est de l'argent.

Les honoraires du coach. Si un coach est engagé pour évaluer ou pour encadrer votre candidat, ses honoraires s'ajoutent aux coûts du programme de formation.

Les honoraires de firmes spécialisées. Si vous confiez à une firme spécialisée l'évaluation de votre candidat, cette facture s'additionne aussi aux coûts.

La baisse de productivité. Si vous prévoyez intégrer la rotation des postes, il faut prévoir une baisse de la productivité pendant que chacun apprendra ce qui doit être fait dans un poste donné.

Le futur leader devra connaître les ressources mises à sa disposition avant d'entreprendre le programme de formation. S'il les ignore ou s'il en est privé, il risque de ne pas atteindre ses objectifs.

Dans le cas de Denise, son employeur acquittera les droits de scolarité, incluant les frais d'inscription au test d'évaluation des habiletés linguistiques de même que ses frais de séjour à Quito. Le tout se chiffre à 2 960 $. Emballée par cette occasion d'apprentissage, Denise étudiera à la maison, sans rémunération.

ÉTAPE 6 : LA SÉLECTION DES CRITÈRES D'ÉVALUATION ET DES PERSONNES QUI ÉVALUERONT LE CANDIDAT

Comment vous assurerez-vous que le programme de formation a été un succès ? Comment saurez-vous si le candidat, au terme du programme, est prêt à remplacer un employé ?

Dans certains cas, l'évaluation est assez simple. Pour Denise, par exemple, l'atteinte de son objectif sera confirmée par un test. Le programme sera considéré comme un succès si, au bout de 18 mois, Denise obtient une note d'au moins 85 % au test intermédiaire d'espagnol de la Télé-université.

Si l'objectif est l'obtention d'un agrément professionnel, c'est l'ordre professionnel qui a le dernier mot. Pour Pierre, le programme sera couronné de succès si, d'ici deux ans, il obtient le titre de comptable agréé.

Mais que faire quand aucun organisme indépendant ne peut certifier l'atteinte des objectifs ? Que faire si ces objectifs portent sur l'acquisition de compétences plus difficiles à évaluer, comme le leadership ou la capacité de mieux travailler en équipe ? Les critères sont ici plus flous.

Vous confirmerez alors l'atteinte des objectifs en observant votre candidat dans ses fonctions ou en jugeant son travail. Par exemple, le programme de Charlotte sera considéré comme un succès si elle gère mieux les réunions que lorsqu'elle a été évaluée un an auparavant. Quant à Samuel, son programme sera réussi si, à son terme, il produit chaque jour cinq dessus de table correspondant aux normes de qualité.

Selon le contexte, vous pouvez prévoir une série d'évaluations tout au long du programme de formation plutôt qu'une évaluation finale. De cette manière, vous serez en mesure de rectifier le tir si le programme ne se déroule pas comme prévu. Ces étapes intermédiaires devraient être fixées à l'avance et paraître dans l'échéancier.

Une fois que vous avez établi les critères d'évaluation du programme de formation, vous pouvez choisir qui procédera à cette évaluation en déterminant qui est le mieux placé pour ce faire. Qui est le mieux placé pour observer comment Charlotte anime les réunions ? quelle est la productivité de Samuel ?

Dans bien des cas, vous serez cet observateur ; dans d'autres, ce sera le détenteur actuel du poste. La grille d'évaluation présentée à la page 47 telle que remplie par les pairs pourra vous être utile.

Nous verrons, dans le prochain chapitre, qu'il peut toutefois être risqué de confier l'évaluation du candidat à un de ses bons amis ou au détenteur actuel du poste s'il est pressé de prendre des vacances ou sa retraite.

ÉTAPE 7 : LA MISE EN ŒUVRE DU PROGRAMME

Une rencontre débouchant sur une entente plus ou moins formelle marque le début du programme de formation. Pendant cette rencontre, le responsable du programme et le candidat discutent des activités de formation, de l'échéancier, des ressources mises à la disposition du candidat et des critères qui serviront à l'évaluer à mi-parcours ou une fois le programme terminé.

Chacun doit prendre le temps d'exprimer ses appréhensions. Le candidat pourra profiter de cette rencontre pour demander des ressources qui ne sont pas incluses dans le programme. Ce qui importe à cette étape, c'est de jouer la carte de la franchise.

La rencontre peut durer de 10 minutes à quelques heures. Elle peut se conclure par une simple entente verbale ou par la signature d'un contrat. Tout dépend du contexte ou des enjeux.

Voici les propos que le patron de Daniel lui a tenus et qui ont débouché sur une entente… au bout de deux minutes : « Roger sera en vacances d'ici peu et tu seras appelé à le remplacer. Accepterais-tu de l'accompagner, mercredi prochain, afin de mieux connaître le parcours ? De cette manière, la transition se fera en douceur et tu seras certain de revenir de Montréal à une heure raisonnable. »

Vous remarquerez que cette proposition d'accompagner Roger jette les bases d'une relation de mentorat. Roger deviendra un mentor et Daniel, un mentoré. Nous traiterons plus en détail de cette relation au chapitre 5.

Au contraire, il a fallu trois rencontres avant que Linda et son patron en arrivent à une entente. L'employeur de Linda acceptait de financer son MBA, mais il lui demandait en échange de signer un contrat qui la liait à l'organisation pour au moins trois ans après l'obtention de son diplôme. Les deux parties en sont finalement arrivées à un compromis.

Une fois l'entente intervenue, le programme est lancé. Une personne responsable en assurera le suivi et tâchera d'éviter les écueils que nous vous présentons au prochain chapitre.

ÉTAPE 8 : L'ÉVALUATION DU PROGRAMME

En dernier lieu, il y a à la fois évaluation des résultats du programme et évaluation du programme lui-même. Celle du candidat est effectuée par les personnes désignées à la sixième étape, à partir des critères définis à cette même étape. Si les résultats sont conformes aux objectifs du programme, la valeur et l'employabilité du candidat font un bond, tandis que les risques courus par l'organisation diminuent.

S'ils ne répondent pas aux attentes, il faut se demander pourquoi et réagir en conséquence. L'évaluation du programme devient alors nécessaire et peut être amorcée par cette série de questions.

▶ Les besoins de formation du candidat étaient-ils bien définis ?

▶ Les objectifs de formation étaient-ils réalistes ?

▶ L'échéancier était-il réaliste ?

▶ Le choix des activités a-t-il été bien fait ?

▶ Aurait-il fallu accorder plus de ressources au candidat ?

La réflexion qu'imposent ces questions permet de rectifier le tir et peut-être même de donner une deuxième chance au candidat.

Par la suite, il faut aller plus loin et se poser d'autres questions afin que chaque programme corresponde aux besoins de l'organisation.

▶ Le programme tient-il compte de la planification stratégique de l'organisation ? Il ne sert à rien, par exemple, de préparer des opérateurs pour un équipement donné si un investissement technologique prochain aura pour effet d'expédier cet équipement à la casse.

▶ Les besoins de recrutement à l'externe, pour des postes autres que les postes d'entrée (qui se retrouvent au bas de la pyramide organisationnelle), diminuent-ils ? Si au contraire ils se font plus criants, il est possible que votre planification de la relève ne réponde pas aux besoins de l'organisation.

▶ Vous arrive-t-il encore de choisir un remplaçant à toute vitesse parce qu'un employé quitte l'organisation? Dans l'affirmative, la planification doit être améliorée, le processus débutant en effet par l'appariement poste-candidat.

▶ Comment a évolué, au cours de la dernière année, le pourcentage des travailleurs improductifs, des employés au faible rendement, des bons travailleurs et des employés-vedettes? Si les efforts ont été investis là où ça compte, le nombre d'employés-vedettes devrait avoir grimpé.

Toute planification organisationnelle doit évoluer. Il faut sans cesse se questionner et se préparer à relever les défis à venir.

4 | Les écueils

Jusqu'ici, vous avez déterminé les remplacements prévisibles contre lesquels votre organisation devra se prémunir à court terme et vous avez repéré les éléments les plus prometteurs parmi vos employés. Par la suite, vous avez enclenché le processus de préparation de la relève. En théorie, vous avez déjà fait ce qu'il faut pour protéger votre organisation des départs inévitables.

Il arrive cependant que les meilleurs plans tournent mal. Pour toutes sortes de raisons, vos projets de formation peuvent échouer. Dans ce chapitre, nous vous mettons en garde contre les principaux obstacles qui peuvent se présenter.

L'ÉVALUATION COMPLAISANTE

Il y a évaluation complaisante quand, au lieu d'évaluer objectivement un candidat, on choisit d'y aller de façon plus « créative ». Il arrive qu'une évaluation complaisante soit faite inconsciemment mais, le plus souvent, c'est consciemment qu'une personne décide de modifier la réalité, et ce pour les raisons suivantes.

La fatigue. Jacques est à bout de souffle. Il a besoin de repos, mais son patron continue de lui dire qu'il est irremplaçable. Jacques a décidé d'améliorer l'évaluation qu'il doit faire de Pierre afin que ce dernier soit jugé apte à le remplacer. Quand ce sera fait, Jacques pourra enfin partir en vacances.

La paresse. Adepte de la loi du moindre effort, Philippe veut terminer l'évaluation de son collègue le plus tôt possible. Il décide donc de lui attribuer une note de 8 sur 10 pour tous les critères. Il ne se donne même pas la peine de lire ces critères…

L'amitié. Carla doit évaluer sa bonne amie Carmen. Il n'est pas question qu'elle la froisse en inscrivant que Carmen se met en colère quand son avis ne fait pas l'unanimité. En conséquence, pour le critère « ouverture aux autres », Carla lui donne une note parfaite.

L'amour paternel (ou maternel). Georges aimerait bien que son fils devienne contremaître. Il est tellement bon, se dit-il. Georges attribue donc à son fils une note parfaite pour chacun des critères. Il est incapable de voir la moindre faiblesse chez son enfant.

Le complexe de supériorité. Françoise ne peut concevoir que quelqu'un lui soit supérieur. C'est la raison pour laquelle elle attribue systématiquement aux autres une note inférieure à celle qu'elle se donnerait si on lui demandait de s'auto-évaluer.

Les promesses. Jonathan veut à ce point cette promotion qu'il a promis à ses collègues des primes au rendement s'il est nommé directeur des ventes.

La crainte. Julie doit évaluer sa directrice. Normalement, elle s'acquitterait de cette tâche de façon objective, mais elle craint que sa patronne ait accès à ses réponses et se venge. Julie bonifiera donc son évaluation.

Pour toutes ces raisons, de mauvaises décisions risquent d'être prises, et l'organisation en sortira perdante.

Alors, comment pouvez-vous réduire les risques d'évaluation complaisante ? Comment pouvez-vous éviter que la fatigue, la paresse, l'amitié, l'amour paternel ou maternel, le complexe de supériorité, les promesses ou la crainte viennent fausser l'évaluation d'un futur leader ? Vous n'aurez jamais la certitude que les évaluations que vous recevez sont tout à fait objectives, mais vous pouvez quand même prendre quelques précautions.

Par exemple, ne demandez pas à une personne qui se trouve en conflit d'intérêts d'évaluer votre candidat. Évitez de la placer devant un dilemme devant lequel elle ne veut pas être ou dont elle n'est même pas consciente de se trouver.

Si la grille d'évaluation ne peut être remplie de façon anonyme, donnez l'assurance à tous ceux qui la rempliront qu'elle restera confidentielle. Vous éviterez ainsi les craintes de représailles.

Vous pouvez insister, quand vous priez un collaborateur de remplir une grille, sur le sérieux de la démarche. Liez votre requête à l'avenir de l'organisation. Cela pourrait suffire à en convaincre certains de l'importance du processus.

Vous pouvez rappeler au détenteur actuel du poste les dangers qu'il court s'il n'est pas objectif. Ce sera le fouillis, à son retour de vacances, si ses tâches sont confiées à un employé incompétent.

Vous pouvez finalement multiplier le nombre de personnes appelées à évaluer un candidat. En calculant des moyennes et en pondérant à la baisse les résultats provenant des employés en conflit d'intérêts, vous améliorerez vos chances d'obtenir une évaluation représentative de la réalité.

LE REFUS DE PARTAGER SON SAVOIR

Dans toute organisation, le pouvoir change d'une journée à l'autre, au hasard des circonstances. Si vous êtes responsable du parc informatique le matin où une panne empêche tout le monde de travailler, votre importance grandit d'un cran, jusqu'à ce que tout soit revenu à la normale.

Certaines personnes vont jusqu'à retenir de l'information qui devrait être accessible à tous.

▸▸ Lyne est directrice des achats chez un détaillant d'articles de sport. Elle est la seule à remplir les bons de commande. Pour savoir si un produit a été commandé, les vendeurs doivent le lui demander et, le samedi après-midi, il arrive qu'ils fassent la file devant son bureau. Cette mainmise sur l'information procure à Lyne le sentiment d'être indispensable.

▸▸ Robert est le seul à pouvoir utiliser la machine à surpiquer principale chez ce fabricant de matelas. Les jours où il s'absente, le travail prend du retard. Il est inutile de préciser que Robert obtient des augmentations de salaire chaque fois qu'il en demande. Il se plaît à dire : « Si je n'étais pas là, rien ne se ferait ici. »

En vous basant sur ce que vous venez de lire, croyez-vous que Lyne et Robert seraient heureux de partager leur savoir avec des collègues ? Auraient-ils envie d'avoir une relève ? Probablement que non. Ils y perdraient trop en prestige et en pouvoir. Cependant, même les employés « indispensables » doivent être remplacés un jour ou l'autre. Que faire alors pour réduire les risques que court l'organisation ?

Premièrement, vous pouvez imposer vos conditions au détenteur du savoir. Vous ferez bien entendu naître en lui du ressentiment, mais le transfert des connaissances sera effectué. Si vous choisissez cette avenue, vous devrez faire un suivi afin que des comportements malsains ne nuisent pas à la démarche.

Deuxièmement, vous pouvez échanger la coopération du détenteur du savoir contre une autre source de pouvoir. Vous pouvez par exemple lui offrir un titre plus ronflant. Vous pouvez également faire croître son pouvoir en lui confiant de nouvelles responsabilités.

C'est cette deuxième option qu'a choisie le patron de Robert pour que cesse la rétention de l'information. Robert portera dorénavant le titre de superviseur quand son futur remplaçant utilisera la machine à sa place.

LA PEUR DE SE FAIRE METTRE À LA PORTE

Chez certains employés à qui on demande de préparer leur relève, cette tâche génère de l'anxiété. En leur for intérieur, une petite voix se fait entendre : « Ça y est. Ils me considèrent trop vieux et ils veulent me remplacer », « Mon rendement a peut-être diminué », « Ils se préparent à me mettre à la porte », « Après tout ce que j'ai fait pour eux. Ce sont des sans-cœur ! », « C'est un jeu de pouvoir. L'autre veut mon poste, c'est visible », etc.

En entretenant ce genre de pensées, le détenteur du savoir ne sera pas emballé à l'idée de prendre quelqu'un sous son aile pour lui montrer les ficelles du métier. Il faut donc que vous réduisiez ses craintes. Pour ce faire, vous lui communiquerez de l'information, vous le rassurerez, puis vous lui fournirez la preuve qu'il a encore de l'avenir dans l'organisation.

Communiquer. Ne vous contentez pas de demander à quelqu'un de jouer les mentors. Expliquez-lui la stratégie derrière la démarche. Faites-lui comprendre qu'il est impératif de penser à la continuité des opérations et de se préparer au pire. Vous serez encore plus crédible si vous avez vous-même commencé à préparer votre relève.

Rassurer. Avouez à cette personne qu'elle est importante pour l'organisation et que vous espérez qu'elle y travaillera encore longtemps. Dites-le-lui même si vous croyez cela superflu. Personne n'aime vivre dans l'incertitude.

Prouver. Investissez dans le perfectionnement de cet employé. Vous lui fournirez ainsi la preuve qu'il a de l'avenir chez vous. Vous pourriez parfaire ses habiletés de communicateur ou de coach de façon qu'il puisse encore mieux communiquer son savoir, encadrer son successeur et créer avec lui une complicité qui favorise l'apprentissage.

Les gens travaillent mal dans la peur. Quand leurs craintes sont dissipées, ils communiquent plus aisément leur savoir et sont plus productifs.

LE DÉCOURAGEMENT

Les personnes qui ont cessé d'apprendre depuis quelque temps craignent qu'une occasion d'apprentissage soit synonyme d'échec. Quand, par exemple, elles font sans trop se casser la tête le même travail depuis 10 ans, le fait de retourner sur les bancs d'école et de risquer un échec peut les décourager.

Une période d'adaptation est souvent nécessaire pour réveiller les vieilles habitudes d'apprentissage. Pendant cette période, il ne faut surtout pas laisser le candidat à lui-même. S'il se décourage au début d'un programme d'études, par exemple, il cessera d'étudier, accumulera les faibles notes et se persuadera qu'il n'a pas ce qu'il faut pour réussir. Celui qui laisse son estime de soi se dégrader aura de la difficulté à se ressaisir.

Il revient au mentor ou, en l'absence d'un mentor, au responsable du programme de formation de prendre des mesures pour éviter une telle spirale descendante. Vous jouez ce rôle? Alors rencontrez l'apprenant à intervalles réguliers afin de savoir ce qui va et ce qui ne va pas. Dans les périodes plus moroses, rappelez-lui qu'un bon apprentissage est constitué de succès et d'échecs et qu'on apprend de ses erreurs. Confirmez-lui que ce récent échec (s'il en a vécu un) ne remet pas en question la confiance que vous avez en lui.

Donnez-lui l'occasion d'entrer en contact avec d'autres personnes qui sont passées par là. Elles pourront échanger avec lui et il constatera qu'il est tout à fait normal de vivre des périodes difficiles au début d'une situation d'apprentissage. Les témoignages des pairs sont très efficaces dans ces situations, et le candidat les trouvera souvent plus crédibles que vos encouragements.

Finalement, permettez-lui de décrocher. Si le stress devient trop intense, offrez-lui une journée de congé afin qu'il se mette à jour ou demandez à un autre employé de l'épauler s'il trouve une matière particulièrement difficile.

Le découragement peut également découler d'un échéancier trop serré. Dans ce cas, apportez les modifications nécessaires pour que les délais soient plus réalistes.

LE DÉSIR D'ÉCONOMISER OU DE PRÉCIPITER LES CHOSES

Une mauvaise planification de la relève peut avoir de fâcheuses répercussions sur votre organisation. Si vous attendez trop avant d'enclencher le processus et que votre candidat accède à un poste sans y être tout à fait prêt, les incidents suivants pourraient survenir.

La perte de clientèle. Un couple âgé a retiré ses économies du bureau avec lequel il faisait affaire depuis huit ans quand, du jour au lendemain, on lui a annoncé qu'un nouveau conseiller financier s'occuperait dorénavant de leurs placements.

La perte de crédibilité. Ce ministère à vocation économique a vu la réputation de ses conseillers en gestion fondre comme neige au soleil le jour où des plus jeunes ont remplacé les plus expérimentés (le but était de réduire la masse salariale). La majorité des clients, en affaires depuis longtemps, se demandaient bien ce que ces jeunes pourraient leur apprendre.

Dans ces deux cas, des activités d'accompagnement s'imposaient. On aurait dû permettre au successeur d'accompagner le détenteur du poste pendant un certain temps. La clientèle aurait appris à connaître le successeur et ce dernier aurait complété son apprentissage en regardant travailler la personne qu'il était appelé à remplacer.

La perte d'employés-vedettes. Quand Jacques a accédé à la direction de son service, les autres employés n'ont pas compris. Aux yeux de ses anciens collègues (devenus ses employés), Jacques est incapable d'écoute et éprouve de la difficulté à entrer en relation avec les autres. Au bout de deux mois, deux employés-vedettes ont démissionné et la productivité du service s'en est ressentie.

Dans ce cas, on a voulu économiser du temps (et de l'argent) en retirant du programme de formation des éléments (habiletés interpersonnelles, écoute active, etc.) qui auraient pu permettre à Jacques de se faire accepter comme directeur.

Pensez à la fable du lièvre et de la tortue. Rien ne sert de courir ; il faut partir à point. La précipitation est rarement une bonne solution.

LA ROUTINE

Il arrive qu'un programme de formation soit minutieusement préparé, que la direction en approuve l'échéancier, que le candidat soit prêt à s'y consacrer et... que plus rien ne se passe par la suite. Pourquoi cela ? Tout simplement à cause de la confortable routine et d'une tendance trop répandue à accepter des ententes qui ne sont pas vraiment claires.

▸▸ Sylvain : « J'ai manifesté mon intérêt pour le programme de formation. Après tout, j'ai toujours voulu devenir gérant de rayon. Mais la période des fêtes est arrivée, le nombre de clients à servir a décuplé et, à la Saint-Valentin, je me suis rendu compte que mon programme n'avait pas encore été mis en branle. »

▸▸ Anne : « En juin, nous nous sommes entendus sur le fait que je commencerais mes cours à la session d'automne. Au début de septembre, je me suis renseignée : mon inscription n'avait pas été faite. Je pensais que mon patron s'en occuperait et lui pensait que c'est moi qui le ferais. Nous avons finalement remis le tout à la session d'hiver. »

Parce que les tâches à accomplir prennent tout le temps disponible, si on attend d'avoir du temps pour entreprendre un programme de formation, autant l'oublier. Après la période des fêtes viennent les soldes de janvier, la Saint-Valentin et puis Pâques. De même, si on s'entend sur un échéancier mais que les responsabilités ne sont pas attribuées, on risque que le projet soit étouffé dans l'œuf.

Le changement est inéluctable. On peut en souffrir ou en profiter, mais la décision d'en tirer avantage exige des efforts et de la détermination. Il est certes plus simple de se complaire dans la routine, mais il faudra en payer le prix tôt ou tard.

Ne perdez pas de vue ces écueils. Comme vous l'avez constaté, ils sont attribuables au responsable du programme, au candidat ou à la personne qui aura à former celui-ci. Un suivi rigoureux du processus s'impose.

5 | Le travail du mentor

Ce chapitre s'adresse à ceux qui accompagneront un futur leader dans sa démarche d'apprentissage : au patron de la petite entreprise et au détenteur actuel d'un poste pour qui on prépare la relève. Il s'adresse également aux membres du service des ressources humaines de la grande entreprise. Nous tentons ici de vous équiper pour relever le défi du mentorat.

Le rôle de mentor est plus qu'un rôle d'enseignant. Au cours de votre mandat, vous ne devrez pas vous contenter de transmettre votre savoir au candidat avec qui vous êtes jumelé. Vous devrez également suivre votre intuition, faire preuve d'empathie et lui prodiguer des conseils tout en lui communiquant votre vision des affaires et de l'organisation. Vous aurez à développer, en quelque sorte, une relation privilégiée.

LES OCCASIONS DE PARTAGER LE SAVOIR

Les expériences d'encadrement n'ont pas toutes la même importance. Comme le montre le graphique suivant, nous pouvons les diviser en quatre groupes selon la durée prévue de l'accompagnement et son intensité.

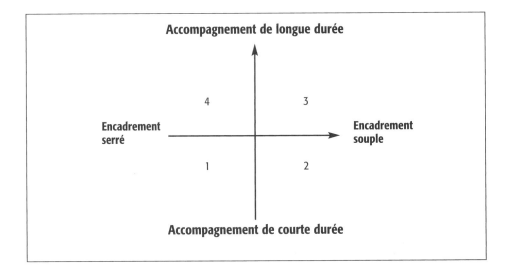

Dans le premier quadrant, nous trouvons la relation brève mais bien encadrée. Dans ce type d'accompagnement, l'accent n'est pas mis sur la qualité de la relation. La personne désignée dans l'entreprise aura peu de latitude quant au savoir qu'elle communique à l'autre. Elle sera davantage un tuteur qu'un confident.

▸▸ Louise fait visiter l'entreprise à Andréanne et lui présente ses futurs collègues. Pour bien accomplir sa tâche de mentor, elle suit une liste élaborée par le service des ressources humaines. C'est toujours Louise qui fait visiter l'entreprise aux nouveaux employés. Le tour guidé dure généralement deux heures.

▸▸ Thomas doit montrer à Rachel à se servir du nouveau système téléphonique dès que l'installation de ce dernier sera terminée. La rencontre devrait durer une heure.

Dans le deuxième quadrant, nous situons la relation peu ou pas encadrée qui ne dure pas longtemps.

   ▸▸ Manon se rend compte que le nouvel employé n'a pas suivi la bonne procédure pour balancer sa caisse. Elle lui explique comment il doit s'y prendre pour éviter les problèmes avec le patron. Le contact dure 10 minutes.

   ▸▸ Rachel se rend compte que Denis n'arrive pas à mettre un appel en attente. Elle le lui montre. La formation dure 30 secondes et la direction n'en saura jamais rien.

Cet accompagnement spontané repose davantage sur le plaisir de rendre service que sur le besoin d'assurer la pérennité de l'organisation.

Dans le troisième quadrant se situe la relation de mentorat qui durera longtemps et dont l'encadrement est souple.

   ▸▸ Kathleen aimerait se tailler une plus grande place dans l'organisation. Elle a demandé à un vice-président de la conseiller de temps à autre. Depuis, ils se rencontrent deux ou trois fois par année et, jusqu'ici, les conseils prodigués à Kathleen lui ont permis d'obtenir deux promotions. La relation de mentorat pourrait bien durer des années.

   ▸▸ Émile vient de lancer sa société-conseil. De façon informelle, quatre fois par année, il rencontre Sylvie, une spécialiste de l'aide aux PME, et tous deux discutent de sa petite entreprise. Cette relation de mentorat pourrait bien durer jusqu'à la retraite d'Émile.

La pierre angulaire d'une relation de ce genre est l'amitié.

Dans le quatrième quadrant, finalement, on retrouve la relation de mentorat qui dure longtemps. Elle permet d'établir un lien de qualité et doit répondre à des objectifs précis ayant souvent été établis par d'autres personnes. C'est de ce mentorat formel dont nous parlerons principalement dans ce chapitre.

» John a été mandaté pour être le mentor de Neil, dont le programme de formation doit durer deux ans. C'est donc dire qu'ils se rencontreront sur une base régulière au cours des deux prochaines années.

» Jeanne prendra sa retraite dans un an. D'ici là, elle doit amener Mélissa à être capable de la remplacer. Elles se côtoieront tous les jours.

Bien souvent, les liens établis durant ce type de mentorat se poursuivent au-delà de la durée du mandat. De profondes amitiés se créent. L'objectif que partagent le mentor et son mentoré les lie, et tous deux contribuent au succès de la démarche.

QUE FAIT UN MENTOR, AU JUSTE ?

Dans une relation de mentorat formel, les responsabilités et les obligations sont partagées. La direction, par exemple, doit déterminer les besoins de l'organisation à court, moyen et long terme. Elle doit sélectionner les employés prometteurs. Elle doit définir les objectifs du programme de formation, mettre des ressources à la disposition du futur leader et fournir un échéancier réaliste au tandem mentor-mentoré.

Le futur leader doit au préalable avoir envie de s'engager dans un programme de formation : il doit s'impliquer à fond dans la démarche et dans sa relation avec le mentor. Celui-ci, quant à lui, agit comme courroie de transmission entre les besoins de la direction et ceux du mentoré, quoique, bien souvent dans les petites entreprises, la même personne remplit les rôles de dirigeant et de mentor.

Les responsabilités suivantes incombent au mentor.

Il bonifie le savoir à communiquer. La direction choisit les objectifs de formation, mais le mentor, fort de son savoir particulier et de sa connaissance de l'organisation et du secteur d'activité, enrichit l'apprentissage.

Il observe les comportements du mentoré. Comme il le regarde agir, il peut lui faire part de ses perceptions et lui suggérer des pistes d'amélioration.

Il le sensibilise à la culture de l'entreprise. Il informe le mentoré de ce qui est accepté dans l'organisation et de ce qui ne l'est pas. Il peut également l'aviser des postes qui se libéreront dans un avenir prévisible ou lui confirmer que tel objectif est irréaliste.

Il lui ouvre des portes. Il lui dira vers qui se tourner pour un service particulier et il servira même d'intermédiaire pour s'assurer qu'une rencontre, par exemple, aura bel et bien lieu.

Il l'encourage. Il écoute son protégé lorsque celui-ci est en proie au découragement. Il lui fait remarquer qu'une partie du chemin est déjà parcourue et lui réitère sa confiance.

Il le conseille. Il aide le mentoré à prendre conscience de ses forces et de ses faiblesses. Il lui suggère sans complaisance l'abandon de certains comportements et l'encourage à parfaire ses habiletés les plus prometteuses.

Il le stimule. Voulant profiter des nouvelles compétences du mentoré, il lui propose, quand il le sent prêt, d'autres mandats. Il lui offre des défis réalistes qui le feront grandir.

Il vante ses mérites. Il fait valoir les compétences de son protégé auprès des différentes instances de l'organisation. Si un poste se libère et qu'il sait que le mentoré est capable d'en accomplir les tâches, il sera le premier à le faire savoir.

Il lui fournit des lentilles. Quand son mentoré s'attarde à des détails, il lui fournit des lentilles qui lui permettront de voir l'ensemble de la situation. Au contraire, quand l'autre ne voit pas ce qui devrait lui sauter aux yeux, il lui fournit des lentilles qui dirigeront son regard vers ce qui doit être perçu. Bref, il lui apprend qu'il existe différents angles pour aborder une situation.

Il résout les conflits internes. Il sait à qui s'adresser si un différend entre son protégé et un autre membre de l'organisation surgit ou si des obstacles se présentent pendant la période de mentorat.

LE PROCESSUS DE MENTORAT

Nous pouvons diviser le processus de mentorat en cinq étapes. Après avoir franchi les deux premières, vous pouvez très bien passer de l'une à l'autre puis revenir en arrière au fil des événements.

Première étape : prendre contact

Au début du processus, le mentoré ne vous connaît pas nécessairement. Et s'il vous connaît déjà, il se demande comment se déroulera l'expérience. Il ignore s'il peut vraiment vous dire ce qu'il pense ou dans quel état d'esprit vous avez accepté le mandat.

Votre défi, pendant cette première étape, consiste à créer un climat de confiance. Si vous n'y arrivez pas, il vous sera très difficile de traverser les étapes subséquentes. Si vous y parvenez, vous deviendrez un confident et un conseiller.

Pour créer un climat de confiance, vous utiliserez surtout vos habiletés en matière de relations interpersonnelles. Puisque vous avait été choisi comme mentor, vous possédez probablement déjà ces habiletés, résumées ici.

Une capacité d'écoute. Il peut être tentant de jouer rapidement les professeurs, mais vous feriez fausse route. En écoutant ce que vous dit votre protégé et en vous mettant à sa place, vous le comprendrez mieux et vous ferez la preuve de votre intérêt à son égard. Vous avez probablement déjà eu un professeur insensible au sort de ses élèves ; ne commettez pas la même erreur.

Le recours à des questions ouvertes. Ce n'est pas en lui posant des questions fermées, qui exigent un oui ou un non, que vous apprendrez à connaître votre protégé. Posez-lui des questions ouvertes et écoutez attentivement chaque réponse.

Une attention soutenue. Assurez-vous de bien saisir ce que vous dit le mentoré. Confirmez vos perceptions avec des «Si je comprends bien», des «En résumé, tu…» ou des «J'aimerais m'assurer d'avoir bien saisi.» Quand vous résumez ainsi les propos de votre interlocuteur, prenez garde de ne pas porter de jugement. Vous devez lui communiquer que vous l'acceptez tel qu'il est.

Deuxième étape : valider l'intérêt du mentoré

Tant qu'un climat de confiance n'a pas été créé, il vous sera difficile d'encourager votre mentoré à vous faire part de ses aspirations. Dans cette deuxième étape, avant même d'amorcer les activités de formation, vous validerez l'intérêt du mentoré pour son programme. Posez-lui ce genre de questions afin de connaître ses aspirations.

▶ Pourquoi as-tu accepté ce programme de formation ?

▶ Est-ce pour aller plus loin par la suite ? Où ça ?

▶ Quelles sont tes préoccupations pour l'avenir?

▶ Parle-moi de ta formation antérieure.

▶ Qu'est-ce que tu aimes le plus ici? Et le moins?

▶ Qu'est-ce qui te passionne au travail et en dehors du travail?

▶ Quelle sera, d'après toi, l'activité la plus difficile de ton programme de formation?

▶ Quelle sera, d'après toi, l'activité la plus facile?

▶ Quelles réflexions t'ont amené à accepter ce programme?

Quand vous connaissez mieux votre protégé, vous êtes en mesure de confirmer si son programme de formation doit être entrepris. S'il vous semble qu'il a pris la décision de le suivre sans trop y réfléchir, faites-lui lire la section du chapitre 7 intitulée *L'autoévaluation* ou, mieux, lancez-vous ensemble dans la réalisation du travail qui y est présenté.

Au contraire, s'il vous semble que le programme de formation répond parfaitement à ses aspirations, dites-le-lui! Confirmez-lui qu'il a pris la bonne décision et que le programme de formation le rapprochera de ses objectifs à long terme.

Si vous croyez que le programme de formation ne le mènera jamais là où il souhaite se rendre, il faut également le lui dire. Il importe de ne pas le laisser nourrir des espoirs irréalistes, au risque de lui nuire et de nuire du même coup à l'organisation. Vous pouvez alors suggérer au futur leader un autre cheminement lui permettant de réaliser ses projets ou des activités supplémentaires qui devraient être greffées à son programme de formation afin d'augmenter ses chances de réussite.

Au terme de cette étape, le candidat-mentoré décidera d'entreprendre ou non la formation. C'est lui qui prendra cette décision.

Troisième étape : transmettre le savoir-faire

C'est pendant la troisième étape du processus de mentorat que le mentoré fait l'acquisition du savoir. Pendant cette étape, vous vous assurerez de la mise en œuvre de son programme de formation et vous observerez ses comportements pour le conseiller judicieusement.

Un programme de formation bien planifié ne nécessite aucun changement malgré les découvertes que vous avez pu faire à l'étape précédente. Sa mise en œuvre sera donc assez simple. Si, de plus, vous êtes le formateur du futur leader, vous serez bien placé pour suivre son apprentissage et constater ses forces et ses faiblesses. Si, par contre, vous ne l'êtes pas, vous devrez provoquer des occasions pour que le mentoré applique son nouveau savoir. Dans les deux cas, vous n'oublierez pas de le féliciter pour ses bons coups et sa facilité d'apprentissage. Vous devrez également lui faire part de ses faiblesses.

> ▸▸ Gisèle : « Je suis directrice d'une entreprise d'économie sociale spécialisée dans l'aide domestique. J'ai accompagné Claire à ses premières visites chez les clients et je me suis vite rendu compte qu'elle leur imposait nos conditions de façon rigide et maladroite. Elle les traitait comme des bénéficiaires et non comme des clients. Il a fallu que je lui en parle. »

> ▸▸ Marthe : « J'ai suivi Jacques pendant trois jours. Je me suis aperçue qu'il parlait bien plus que les clients. En fait, il leur posait des questions, mais il ne semblait pas écouter leurs réponses. Il ne pourra jamais devenir un bon vendeur en continuant sur cette voie. J'ai dû le conseiller. »

▸▸ Lucien : « J'ai assisté à la première rencontre que Sylvie a animée après sa session de formation. Je me suis sérieusement demandé ce qu'on lui avait enseigné ! Elle laissait la conversation dériver, ne cherchait pas à obtenir l'opinion des introvertis. La rencontre a duré une heure de plus que prévu. »

Dans ces trois cas, une franche discussion mentor-mentoré doit avoir lieu. Si le mentor évite de ramener le mentoré sur la bonne voie, ce dernier conservera ses mauvaises habitudes (manque de respect, mauvaise écoute, manque de leadership pendant une réunion), qui compromettront la réussite du programme de formation.

Mais comment le mentor peut-il inculquer son savoir-faire à son protégé ? La clé réside dans l'approche. Il faut éviter de critiquer. Chaque fois qu'un être humain est critiqué, il se replie et cesse d'être à l'écoute. C'est ce qui se passerait probablement si Gisèle reprochait à Claire de s'imposer et de traiter les clients comme s'ils n'avaient pas leur mot à dire. Il est essentiel que le mentoré apprenne qu'il a des faiblesses, mais il faut l'en informer autrement que par la critique.

Au lieu de faire des reproches au mentoré, le mentor peut engager la conversation en lui posant une question ou en faisant un constat.

▸▸ Gisèle : « J'ai remarqué que ces clients étaient de bonne humeur à notre arrivée mais qu'ils semblaient contrariés à la fin de la rencontre. Qu'est-ce qui peut avoir provoqué ça ? »

▸▸ Marthe : « J'ai entendu le client nous dire dès le départ qu'il ne voulait pas payer pour des gadgets. Pourtant, en lui montrant l'auto, tu as insisté sur la lumière de navigation, le porte-gobelet et le régulateur de vitesse. Quelle était ta stratégie ? »

▸▸ Lucien : « J'ai remarqué que la rencontre avait duré 60 minutes de plus que prévu et que Clément n'avait pas pris la parole : j'aimerais que nous en trouvions les causes. »

Aidez votre mentoré à trouver lui-même comment il pourrait améliorer sa performance. Votre apport sera plus significatif et vos commentaires seront plus appréciés si c'est lui qui formule les recommandations.

Au surplus, vous n'êtes pas Superman. Vous ne pouvez pas toujours courir au-devant des coups et protéger votre mentoré de tous les dangers, accomplir pour lui les tâches qui le rendent nerveux ni le tirer du pétrin chaque fois qu'il s'y met.

Apprendre, c'est également faire des erreurs. Si vous limitez l'apprentissage de votre mentoré à la salle de classe, il ne pourra jamais appliquer son savoir dans des activités concrètes et apprendre par essais et erreurs. En le protégeant des moindres dangers, vous agissez comme le parent qui, parce qu'il le surprotège, ne prépare pas son enfant à devenir autonome.

▶▶ Pablo : « Je voyais bien que Pierre n'arriverait pas à conclure la vente. Je lui ai donc dit que je l'effectuerais et qu'il jouerait les observateurs. J'ai réalisé la vente et il a pu voir un pro en action. »

▶▶ Rodrigue : « Parce que je savais qu'elle n'était pas prête, j'ai obtenu de notre président que Lucie reporte la présentation de son rapport à la réunion du mois prochain. Elle aura ainsi quatre semaines de plus pour se préparer. »

Que pensez-vous des décisions de ces mentors ? Dans les deux cas, le mentor a évité à son protégé de subir un échec, mais chaque mentoré a perdu une belle occasion d'apprentissage. Qui sait ce qui se serait passé si Pierre et Lucie n'avaient pas été « sauvés » par un mentor craintif ? Pierre aurait peut-être conclu sa vente et Lucie se serait peut-être débrouillée pour faire une bonne présentation.

Évidemment, il ne faut pas lancer votre protégé dans le feu de l'action s'il n'est pas prêt. Mais ne sous-estimez pas ses capacités et ne le surprotégez pas. Vous limiteriez alors son développement professionnel.

C'est en grande partie en raison de votre maturité qu'on vous a confié ce mandat de mentorat. Vous devez déterminer quels risques valent la peine d'être courus et lesquels doivent être évités. Si votre protégé vous fait part de son appréhension à l'égard d'un mandat dans l'espoir évident que vous le lui retirerez, ne tombez pas dans le panneau ! Explorez ensemble la source de ses craintes. Découvrez ce que vous pouvez tous deux faire pour réduire son anxiété. Faites pencher les chances en sa faveur, mais ne le soustrayez pas à la tâche qui lui revient. Vous ne serez pas toujours là pour jouer les grands frères.

Et si votre protégé fait une bourde, transformez-la en occasion d'apprentissage. Demandez-vous ensemble ce qui aurait pu être fait pour éviter l'erreur. Dressez un plan d'action pour la prochaine fois et félicitez-vous d'avoir avancé un peu plus.

Quatrième étape : entretenir le désir de réussir

Il n'y a pas que le savoir-faire qui contribue au développement d'un être humain. Les connaissances, à elles seules, ne peuvent pas non plus expliquer le succès d'un individu. Dans la quatrième étape du processus de mentorat, vous ferez grimper le niveau d'énergie de votre mentoré afin qu'il obtienne rapidement les résultats attendus. Pour y arriver, vous le motiverez et l'aiderez à développer une vision de son avenir.

Ce n'est pas uniquement au lendemain d'un échec ou d'une confrontation qu'il faut renforcer la motivation d'un mentoré. Celui-ci risque de se décourager s'il doute de ses compétences ou si son apprentissage est trop long. Il faut constamment attiser en lui le désir de mener son programme à terme. Voici quelques suggestions pour y arriver.

Fêtez les accomplissements. Si une formation universitaire faisait partie des activités de formation du mentoré et qu'il vient de la terminer, une petite fête s'impose. Faites aussi connaître la nouvelle dans le journal interne. Faites de même avec la première vente importante, la première présentation couronnée de succès, etc.

Répétez-lui que vous avez confiance en lui et en ses capacités. Il aura besoin de l'entendre durant les périodes plus difficiles, alors qu'il doutera de ses capacités. Toutefois, si vous vous rendez compte que son anxiété vient du fait que les objectifs de la formation sont irréalistes, modifiez-les.

Recourez à des anecdotes. Votre protégé vient de rater une vente et vous vous rappelez que cela vous est arrivé dans des circonstances semblables ? Racontez-lui cette anecdote. S'il a bafouillé pendant son discours et qu'il vous est même déjà arrivé, en pleine présentation, d'oublier le nom de votre patron, dites-le-lui. Votre mentoré vous apprécie, et le fait que vous lui révéliez des anecdotes lui confirmera que l'apprentissage est fait de bons et de moins bons coups.

Rappelez-lui ses succès passés. Dans les périodes de découragement, les gens ont tendance à se rappeler uniquement leurs échecs. Ramenez à l'esprit de votre protégé ses succès passés et les défis qu'il a relevés avec brio.

Provoquez des rencontres. N'hésitez pas à provoquer une rencontre entre votre mentoré et une personne qui a, par le passé, surmonté les mêmes obstacles qui se dressent aujourd'hui devant lui.

Finalement, aidez-le à développer une vision de son avenir professionnel. Pour se réaliser, l'être humain a besoin de maîtriser certains aspects de sa vie. Le fait de se fixer des objectifs et de ne jamais les perdre de vue contribue à mobiliser l'esprit. Alors, rappelez-lui les rêves d'avenir qu'il a partagés avec vous au début de votre relation de mentorat et confirmez-lui qu'ils se concrétisent de jour en jour.

Cinquième étape : mettre fin au mentorat

Le processus de mentorat se terminera tôt ou tard. Vous devrez faire un rapport à l'organisation et confirmer l'atteinte des objectifs qui avaient été fixés. À ce moment, célébrez avec votre protégé ces grandes choses que vous avez réalisées ensemble. Au fil du temps, l'expérience a modifié votre relation. Elle s'est enrichie. Dans certains cas, l'amitié née pendant une période de mentorat dure toute la vie.

TOUT LE MONDE Y GAGNE

Le mentoré est loin d'être le seul à tirer profit d'une relation de mentorat. L'organisation y gagne, bien sûr, étant donné qu'elle assure sa pérennité et peut maintenant compter sur un employé plus efficace. Mais, à titre de mentor, vous faites également partie des gagnants.

En effet, **vous y gagnez en prestige.** Parce que vous avez relevé avec brio ce premier défi de mentorat, vos collègues ne vous voient plus du même œil. Vous n'êtes plus un simple employé ; vous êtes devenu un formateur, un coach. Soyez assuré que la direction fera de nouveau appel à vos services.

Vous vous connaissez mieux. Le processus de mentorat a fait appel à votre intellect et à vos émotions. Au fil des victoires et des échecs, vous avez développé une nouvelle image de vous-même. Vous savez maintenant que vous pouvez mobiliser autrui. Vous vous êtes découvert des forces insoupçonnées et, avouons-le, votre estime personnelle en a bénéficié.

De plus, **votre pouvoir relatif** dans l'organisation **a grandi.** La direction sait que vous avez la capacité de former les leaders de demain. N'oubliez pas de le lui rappeler lors de votre prochaine négociation salariale et quand vous évaluerez les prochains programmes de formation qu'on vous demandera de chapeauter.

Finalement, vous comptez un **allié fidèle.** Ce mentoré qui accédera bientôt à de plus hautes fonctions dans l'organisation vous est redevable et, en plus, vous entretenez avec lui une relation de qualité. S'il accède un jour à la direction, vous pourrez bénéficier de son appui.

Bref, une expérience de mentorat réussie ne fait que des gagnants. Si on vous offre de prendre un plus jeune sous votre aile et que vous avez le temps et les compétences requises pour le faire, acceptez cette proposition sans hésiter !

6 | L'intégration
à la gestion quotidienne

La planification de la relève ne doit pas être un événement extraordinaire pour des gestionnaires, mais plutôt un processus continu et normal s'apparentant à celui de la planification stratégique. Pour cette raison, il faut l'intégrer à la gestion quotidienne.

Dans ce chapitre, nous replacerons le contenu de ce livre dans un cadre plus large en nous demandant si votre entreprise est prête à intégrer la planification de la relève à ses activités quotidiennes, en envisageant la possibilité de préparer un bassin de futurs leaders puis en voyant la façon de remettre un poste en question quand il se libère.

VOTRE ORGANISATION EST-ELLE PRÊTE ?

La planification de la relève a pour objectif d'assurer la survie de votre organisation et la protection du savoir organisationnel dans l'éventualité où des employés apparemment irremplaçables vous quitteraient. Elle nécessite des efforts, des ressources financières et du temps.

Si votre organisation en est à ses balbutiements, que vous constituez son seul réservoir de savoir et que vous luttez pour sa survie, vous n'êtes pas prêt à relever le défi de la relève. D'autres priorités s'imposent, et les ressources doivent être investies là où elles auront un effet immédiat. Quand les deux conditions suivantes auront été réunies, il sera temps de planifier la relève dans votre organisation.

1. *La fin du chaos.* Comme l'explique le guide *Famille inc.: la gérer, la faire grandir*, une entreprise, en grandissant, traverse quatre phases (hébétement, développement, consolidation et plafonnement). Il est possible d'éviter le plafonnement en procédant régulièrement à la relance de l'entreprise. Tant que cette dernière se trouve dans la phase de l'hébétement, la planification de la relève ne doit pas être une priorité. Les défis de la survie et de la rentabilité doivent alors primer. La nécessité de préparer la relève coïncide plutôt avec la fin de la période de développement. Jusque-là, il est impossible de prévoir les besoins en ressources humaines. Il ne sert à rien de planifier la relève dans une entreprise qui n'existera peut-être plus la semaine prochaine.

2. *Une vision d'avenir.* Tant que la direction de l'organisation n'a pas entrepris une réflexion stratégique sur son avenir, il est difficile de planifier la relève. Sans une vision claire de ce que sera l'avenir, personne ne peut dire quels seront les besoins à venir en matière de ressources humaines, quelles compétences seront nécessaires ou quels postes perdront bientôt leur raison d'être.

Autrement dit, c'est dès que la direction d'une entreprise se sent responsable à l'égard de ses partenaires (actionnaires, employés, fournisseurs, clients, etc.) qui l'ont aidée à relever ses premiers défis qu'elle doit planifier l'avenir. Ne pas le faire, c'est manquer de respect envers ceux qui ont rendu possible la concrétisation de vos rêves. C'est également compromettre la survie d'une organisation.

LA CRÉATION D'UN BASSIN DE FUTURS LEADERS

S'il y a un message que ce guide de la collection **Grands Défis** veut communiquer, c'est bien que nul ne peut prévoir de quoi sera fait le lendemain dans une organisation. La personne qui doit prendre sa retraite dans deux ans peut très bien devenir malade et quitter son emploi la semaine prochaine. Ce candidat que vous pressentez pour prendre la relève d'un employé-clé peut suivre sa conjointe à Tombouctou le mois prochain.

Comme le montre le graphique ci-contre, le processus que nous vous avons présenté dans ce livre est linéaire : vous identifiez un poste-clé pour lequel vous devez préparer la relève. Par la suite, vous identifiez un employé prometteur capable de relever le défi. Suivent la création d'un programme de formation puis une période de mentorat au terme de laquelle l'employé prometteur sera prêt à assumer ses nouvelles responsabilités.

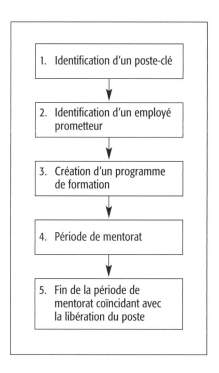

Mais que se passe-t-il si l'employé-clé à remplacer quitte l'organisation avant que son successeur soit prêt, si la période de formation jugée nécessaire est trop longue ou si le candidat quitte l'organisation pendant sa formation ?

Pour réduire ces risques, de nombreuses entreprises modifient le processus en créant un bassin d'employés prometteurs. À ce moment, deux processus parallèles sont mis en place, comme le montre le graphique ci-dessous.

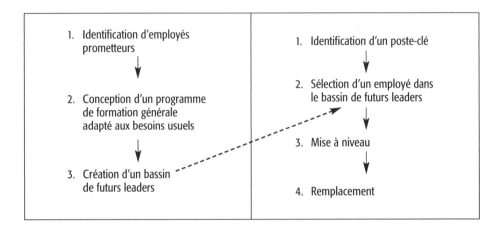

Le premier processus permet de préparer un bassin d'éléments prometteurs. On commence par cibler les employés les plus performants et on crée pour eux un programme de formation générale adapté aux besoins usuels de l'organisation.

Ce programme permet à des employés d'acquérir des habiletés courantes (communication, travail d'équipe, affirmation de soi, techniques d'influence et de négociation, connaissance du marché, etc.) nécessaires à tous les candidats à une promotion. Avec le temps, l'organisation peut compter sur un groupe d'employés presque prêts à assumer d'autres fonctions.

Parallèlement, on se préoccupe de l'avenir de l'organisation et de ses besoins de relève à venir. Comme dans le processus linéaire, on identifie les postes-clés mais, quand arrive le temps de désigner un employé apte à relever le défi, on le sélectionne dans le bassin de futurs leaders.

L'employé sélectionné possède déjà les habiletés courantes nécessaires pour occuper un poste comportant plus de responsabilités. L'écart entre ce qu'il sait et ce qu'il doit encore apprendre avant d'assumer ses nouvelles fonctions est plus petit que dans le modèle précédent. Il n'est plus question ici d'un programme complet de formation, mais plutôt d'une mise à niveau incluant une formation d'appoint et un programme de mentorat. La création d'un bassin de futurs leaders offre trois avantages.

La rapidité à effectuer un remplacement. Le fait d'avoir des candidats presque prêts à exercer d'autres fonctions réduit les risques pour l'organisation. Chaque employé prometteur étant mieux équipé, si un candidat fait faux bond à l'organisation pendant qu'on le prépare à un poste, la mise à niveau d'un autre membre du bassin de futurs leaders peut s'effectuer rapidement. Avec un tel bassin, la direction d'une organisation peut réagir sans tarder !

Une plus grande productivité. Même dans leurs fonctions habituelles, les employés qui ont suivi un programme de formation générale adapté aux besoins de l'organisation deviennent plus efficaces et plus créatifs. La productivité globale de l'organisation est en hausse.

La rétention du personnel. Les gens inscrits à un tel programme savent que vous les appréciez et que vous voulez les garder longtemps. Il est donc normal que leur loyauté envers votre organisation croisse.

Quelques mises en garde s'imposent cependant. Comme la formation et le mentorat coûtent cher, les sommes doivent être investies judicieusement. Vous aurez avantage à former un travailleur improductif pour qu'il devienne productif, sans jamais tenter d'en faire un futur leader.

De plus, si vous intégrez trop d'employés dans ce bassin, ils comprendront rapidement que tous ne peuvent pas accéder à des fonctions supérieures. Il est possible qu'au bout d'un certain temps des personnes déçues songent à quitter votre organisation. Tout le monde peut s'améliorer, mais il ne peut pas y avoir plus de chefs que d'Indiens.

LA MISE EN MARCHÉ DE VOTRE PROGRAMME

Vous tentez de constituer un bassin de futurs leaders, pas une société secrète. Si votre processus de préparation de la relève est mal connu, vous risquez de susciter le mécontentement de certains employés qui, se croyant injustement ignorés, supposeront que votre sélection de candidats repose sur l'arbitraire et le favoritisme.

Pour faire connaître votre politique de préparation de la relève, vous pourriez modifier votre énoncé de mission en insistant sur le fait que tous travaillent à faire durer l'organisation et que le principal outil retenu pour y arriver est la formation du personnel.

Vous pourriez également informer les nouveaux employés de l'existence du processus et leur présenter la personne qui en est responsable.

Finalement, vous pourriez afficher votre politique de préparation de la relève dans la salle des employés ou dans votre site Web, ou encore la faire paraître dans le bulletin interne.

Votre augmenterez votre capacité à retenir le personnel si votre politique contient les éléments suivants :

> ● le point de vue de la direction sur la formation du personnel ;

> ● l'importance pour la direction de pourvoir aux postes à l'interne plutôt qu'à l'externe ;

▶ les conditions pour qu'un emploi soit offert à un candidat de l'externe ;

▶ les outils pour évaluer et former les candidats internes ;

▶ les outils d'évaluation utilisés pour déterminer si un candidat interne est prêt à progresser dans l'organisation ;

▶ la procédure permettant à un candidat de faire connaître à la direction son intérêt pour le processus.

QUAND UN DÉPART SURVIENT

Dès qu'un départ survient ou est pressenti, la direction devrait se poser les cinq questions suivantes.

Ce poste est-il encore nécessaire ?

Certains postes perdent leur raison d'être avec le temps. Si une gamme de produits risque d'être abandonnée parce qu'elle ne génère plus suffisamment de profits, il est possible que les postes reliés à sa mise en marché ne soient plus nécessaires. Il en va de même si une ligne de production est automatisée.

Il est inutile de préparer la relève pour un poste qui sera un jour supprimé. Cette suppression témoigne des changements qui surviennent dans votre organisation et de votre intention d'en assurer la pérennité.

Les tâches liées à ce poste peuvent-elles être partagées entre d'autres employés ?

Il arrive qu'un poste ait perdu de l'importance mais qu'il demeure nécessaire pour l'organisation. Dans ce cas, la distribution des tâches à d'autres employés peut être envisagée, s'ils ne sont pas déjà occupés à 100 %. Par exemple, dans la salle de rédaction d'un magazine, le départ d'un photographe n'implique pas nécessairement l'embauche d'un remplaçant. Souvent, les autres photographes doivent se partager les affectations qui auraient normalement été assignées à celui qui est parti.

S'il est possible de faire effectuer le travail d'un employé manquant par des travailleurs en place, la préparation de la relève est moins urgente. Il importe naturellement de ne pas surcharger les employés en poste et de leur offrir une formation sur le travail en équipe si la répartition des tâches exige davantage de coopération. Si vous n'agissez pas avec doigté, ils risquent d'aller voir ailleurs.

Une autre division de l'organisation pourrait-elle assurer la relève pour ce poste?

Dans les grandes entreprises, il arrive fréquemment que deux personnes, relevant de deux services, fassent le même travail. Prenons par exemple le service de la paie d'une organisation regroupant plusieurs succursales. Il est possible qu'on ne remplace pas l'employé au service de la paie dans la succursale X, ses tâches pouvant être confiées à un autre faisant le même travail dans la succursale Y.

Il n'y a donc aucune raison de préparer la relève pour ce poste, puisque quelqu'un dans l'organisation peut prendre la relève sur demande.

Ce travail pourrait-il être confié à un sous-traitant?

Certaines tâches peuvent aisément être confiées à des sous-traitants, qui feront mieux le travail et à un meilleur coût. Par exemple, l'entretien des immeubles, la révision linguistique ou le service de sécurité sont souvent confiés à des sous-traitants.

Si les tâches du poste laissé vacant peuvent être confiées en sous-traitance et qu'elles ne sont pas vitales pour l'avenir de l'organisation, vous n'avez pas nécessairement à préparer la relève. Toutefois, évitez de confier à des sous-traitants les tâches qui vous confèrent un avantage concurrentiel. Un fabricant de meubles reconnu pour son design avant-gardiste risque sa réputation en confiant la production à un sous-traitant.

Serait-il possible de redéfinir cet emploi ?

L'emploi devenu vacant est-il constitué d'un amas de tâches plus ou moins importantes entourant des fonctions essentielles pour l'organisation ? Se peut-il que, pour justifier l'emploi à temps plein de celui qui prend sa retraite aujourd'hui, vous lui ayez confié des tâches que n'importe qui peut exécuter et qui, au bout du compte, importent peu ?

> ▶▶ Gilles : « Chaque semaine, je devais communiquer avec nos principaux acheteurs. Puisque je les connaissais personnellement, mes appels permettaient à l'organisation de maintenir ces comptes ouverts. Mais comme ce suivi ne me prenait qu'une journée par semaine, afin de justifier mon poste à temps plein, on m'avait confié des tâches moins importantes. »

Si vous avez un employé qui, comme Gilles, compte prendre sa retraite bientôt, offrez-lui un poste à temps partiel (une journée par semaine dans notre exemple) afin qu'il conserve les fonctions qui importent le plus pour l'organisation. Cela lui permettra de prendre une retraite progressive au lieu de devenir inactif du jour au lendemain.

Le désir de prendre sa retraite ou de laisser son emploi naît souvent de la fatigue ou de nouvelles obligations familiales (un conjoint malade ou la nécessité de s'occuper d'un enfant ou d'un petit-enfant). Transformer un emploi à temps plein en poste à temps partiel peut très bien faire l'affaire de l'organisation comme celle de l'employé.

On le constate, ce n'est pas parce qu'un poste se libère qu'il faut nécessairement y pourvoir. Il faut se demander s'il est encore nécessaire ou si on peut le
redéfinir sans compromettre l'atteinte des objectifs stratégiques de l'organisation.
Le poste-clé d'aujourd'hui aura peut-être perdu de sa valeur demain. Ce serait
nuire à un employé que de le préparer pour un emploi précaire.

La gestion d'une organisation demande d'agir un peu comme un équili-
briste. Il faut savoir gérer au quotidien de manière efficace tout en se préparant à
affronter l'avenir. Il faut à la fois minimiser les dépenses et investir aujourd'hui en
tenant compte des besoins futurs. Si la planification de la relève n'est pas intégrée
à la gestion quotidienne, on finit rapidement par l'oublier.

Des événements (le départ soudain d'un employé-clé, par exemple) peuvent vous ramener régulièrement cette préoccupation à l'esprit, tout comme le
font sans doute vos partenaires d'affaires.

Votre conseil d'administration. L'avenir et la raison d'être de l'organisation fi-
gurent parmi ses principales préoccupations. Il est normal qu'il exige que vous
planifiiez au moins votre propre relève et celle de vos principaux collaborateurs.

Votre banquier. Il sait que votre organisation ne vaudra plus grand-chose le
matin où vous ne pourrez plus compter sur une main-d'œuvre fidèle et expérimentée. Plus le banquier investira dans votre organisation, plus il exercera de
pression pour que vous planifiiez systématiquement la relève.

Votre association sectorielle. Elle se soucie du sort de ses membres. C'est la raison pour laquelle, de plus en plus souvent, elle propose des conférences ou des ate-
liers sur la préparation de la relève à l'occasion de ses congrès ou de ses colloques.

Ne traitez pas vos partenaires d'affaires d'empêcheurs de tourner en rond.
Ils ont à cœur que vos efforts d'aujourd'hui portent leurs fruits demain.

7 | Des pistes pour le futur leader

Vous lisez peut-être ce livre parce que vous vous considérez comme un futur leader. Il se peut qu'on vous ait même déjà pressenti pour occuper une autre fonction, et vous vous demandez si vous avez vraiment envie de progresser dans votre organisation. Ou à l'inverse vous cherchez probablement à faire comprendre à votre patron l'importance de préparer la relève.

Ce chapitre vous aidera à y voir plus clair. Dans un premier temps, nous vous soumettrons quelques trucs qui maximiseront vos chances d'être identifié comme un employé-vedette. Ce statut devrait inciter votre organisation à investir dans le développement de vos compétences.

Dans un deuxième temps, nous vous aiderons à déterminer si le défi qu'on vous propose est fait pour vous. Vous devrez alors vous pencher sur ce que vous êtes et vous concentrer sur vos préférences et vos aspirations.

Dans un troisième temps, nous nous attarderons sur les comportements et l'attitude à adopter pour tirer le maximum de l'enseignement de votre mentor ou de l'accompagnateur qu'on vous a assigné.

Dans un quatrième et dernier temps, nous vous aiderons à élaborer une stratégie d'attaque, à trouver une façon de vous proposer comme futur leader si on vous ignore ou si la relève ne figure pas dans les préoccupations actuelles de la direction.

LES COMPORTEMENTS À BANNIR

Sans le savoir, vous émettez peut-être actuellement des signaux qui font qu'on ne vous offrira jamais de progresser dans l'organisation. Ces signaux sont autant d'obstacles à vos chances d'avancement. En voici la liste.

1. La colère

Êtes-vous soupe au lait? Dans le feu de l'action, vous arrive-t-il de vous énerver et de dire des choses que vous regrettez par la suite? Les gens vous évitent-ils les jours où il est visible que vous pouvez exploser à tout moment? Refusent-ils même de vous dire la vérité parce qu'ils craignent votre réaction?

Pour vos supérieurs, l'expression de votre colère ne prouve pas que vous avez du caractère; vous donnez plutôt l'impression d'être peu fiable et même dangereux. Qui confierait des responsabilités additionnelles à quelqu'un qui ne parvient déjà pas à se maîtriser?

Pour résoudre une situation conflictuelle, il existe d'autres solutions que la fuite ou la colère. Une formation en relations interpersonnelles ou en affirmation de soi pourrait vous aider à modifier vos comportements. Ainsi, vos collaborateurs vous percevraient autrement. Les dirigeants ne veulent pas travailler avec des taureaux qui foncent tête baissée au lieu de tenter de mieux comprendre ce qui se passe.

2. La dépendance aux félicitations

Êtes-vous capable d'évaluer vous-même la qualité de votre travail ? Pouvez-vous vous sentir fier de vos réalisations sans qu'une autre personne vous confirme que vous travaillez admirablement bien ?

Si c'est le cas, tant mieux. D'autres sont incapables de trouver en eux-mêmes la certitude qu'ils ont bien travaillé. Ils demandent à leurs collègues ou à leur supérieur ce qu'ils pensent de ce rapport, de la productivité de l'équipe de nuit ou de la dernière vente. Cette recherche de gratification peut rapidement devenir lassante, sans compter qu'elle freine votre progression dans l'organisation pour trois raisons.

- Ce comportement agace votre patron, qui a souvent l'impression que vous lui faites perdre son temps.

- Votre patron que vous ne soyez victime d'employés manipulateurs si vous occupez un jour un poste de direction. Votre quête de félicitations pourrait avoir cet effet.

- Il doute que vous puissiez encadrer des employés et évaluer leur travail si vous n'arrivez même pas à évaluer le vôtre ou si vous ne distinguez pas ce qui est important de ce qui l'est moins.

Affranchissez-vous de votre dépendance aux félicitations. Apprenez à apprécier votre travail et ne cherchez la confirmation de votre bon travail que dans les moments de grande incertitude.

3. Le perfectionnisme

On pourrait croire que le perfectionnisme est une qualité qui vous fera progresser dans l'organisation mais, poussé à l'extrême, il agit plutôt comme un frein. Devenu gestionnaire, le perfectionniste a en effet tendance à adopter les comportements suivants.

■ Il exaspère ses meilleurs employés (ceux qui font preuve d'initiative) en les questionnant à chaque étape de leur travail et en les encadrant à un point tel qu'ils n'ont plus de marge de manœuvre.

■ S'il doute de la compétence d'un employé, il fera le travail à sa place. Ce faisant, il se soustrait à sa responsabilité de formateur et empêche l'employé jugé incompétent d'apprendre à bien faire son boulot.

Pendant qu'il exaspère ses troupes et effectue le travail des autres, le perfectionniste ne fait pas celui pour lequel il est payé.

Si vous vous reconnaissez dans cette description et que vous comptez progresser dans votre organisation, suivez de la formation en gestion du temps et en coaching.

4. L'arrogance

L'arrogant se perçoit comme le meilleur, le plus beau, le plus fin, le plus talentueux et le plus valeureux de l'équipe. Il a tendance à dénigrer les autres parce qu'il leur manque ces qualités qu'il a en abondance. Leurs idées le font rire et lui donnent l'occasion de leur prouver à quel point ils sont idiots.

Ceux qui évaluent le potentiel d'un tel employé se disent que, s'il est arrogant à son niveau hiérarchique actuel, il le sera d'autant plus s'il obtient une promotion. Personne n'a envie de vivre cela. L'arrogant reste donc là où il se trouve.

Si on vous a déjà reproché votre arrogance, peut-être profiteriez-vous d'une formation en relations interpersonnelles. Il vous faut prendre conscience de l'importance du respect dans l'établissement de relations solides et durables.

5. La peur du risque

La peur du risque immobilise. Elle prolonge le temps nécessaire à la prise de décision. Dans des secteurs d'activité hautement concurrentiels, elle peut faire perdre des avantages à une organisation. C'est la raison pour laquelle ce trait de caractère vous fait perdre des points quand on vous évalue.

Demandez-vous si vous avez peur du risque dans la vie courante. Vous est-il arrivé de laisser échapper des occasions parce que vous aviez attendu trop longtemps avant de vous décider ? Les gens vous disent-ils parfois que vous les exaspérez à force de les laisser attendre ? Dans l'affirmative, voici trois conseils qui vous aideront à améliorer votre image professionnelle.

Intégrez à votre pratique professionnelle le modèle optimal de prise de décision. Il devient plus facile de décider quand on tire profit de ce cadre conceptuel en quatre étapes : (1) consigner les faits, (2) générer des idées, (3) évaluer ces idées puis (4) leurs répercussions possibles. En suivant ces quatre étapes, vous réduisez les risques de décisions malheureuses. Pourquoi ?

Si vous ne consignez pas les faits, vous risquez de trouver la bonne solution au mauvais problème.

Si vous sautez sur la première idée venue plutôt que de continuer à générer des idées, vous risquez d'opter pour une solution boiteuse.

Si vous n'évaluez pas toutes les idées générées, vous courez le risque d'en choisir une qui n'est pas en phase avec vos objectifs organisationnels.

Si vous n'évaluez pas les répercussions possibles de la solution retenue avant de la mettre en œuvre, vous courez le risque de provoquer la colère des personnes touchées.

Valorisez la prise de décision en équipe. Entourez-vous de personnes qui vous complètent et adoptez des méthodes de travail qui rendent la prise de décision plus facile. Pour plus d'information, lisez *Le travail d'équipe : le susciter, l'améliorer,* un autre livre de la collection **Grands Défis**. Un chapitre est consacré aux méthodes permettant à une équipe de prendre des décisions optimales.

Pondérez le plaisir que vous ressentez à jouer les avocats du diable. Si vous fournissez toujours des raisons pour rejeter une idée, vous donnez l'impression d'être un éternel trouble-fête. Donnez-vous comme objectif d'avancer au moins un commentaire positif chaque fois que vous avez émis deux commentaires négatifs.

6. L'excentricité

Pour certains emplois, dans le domaine des arts par exemple, l'excentricité peut rapporter de bons dividendes. Mais avez-vous remarqué que les plus excentriques le sont de moins en moins à mesure qu'ils atteignent des postes plus élevés dans la hiérarchie ?

Poussée à l'extrême, l'excentricité freinera votre progression. Cependant, vous vous ennuieriez peut-être dans un emploi qui exigerait un plus grand conformisme. Ne troquez jamais votre personnalité pour un poste que vous aimeriez moins.

7. La fermeture aux autres

La fermeture aux autres, c'est l'incapacité de comprendre ce qu'ils vivent ou ce qu'ils pensent sans qu'ils aient à mettre les points sur les *i* et les barres sur les *t*. C'est comme si votre radar interpersonnel était en panne. Quand elle accède à un poste de gestionnaire, la personne qui souffre de ce handicap s'isole de ses troupes et décide du haut de sa tour d'ivoire. Évidemment, elle ne décèle les problèmes de motivation qu'une fois les lettres de démission placées bien en vue sur son bureau.

Pour vous ouvrir davantage aux autres, vous devez développer vos habiletés interpersonnelles.

8. L'évitement

Ceux qui pratiquent l'évitement ne cherchent jamais à en faire plus. Ils ne donnent jamais leur opinion pendant les rencontres, mais ils se plaignent pourtant qu'on ne les écoute jamais. En fait, ils veulent en faire tout juste assez pour n'être jamais pris en faute et ils tentent de tout voir pour prendre les autres en défaut aussi souvent que possible.

Ces personnes donnent l'impression de ne pas partager la vision de l'organisation et d'être de piètres joueurs d'équipe. Difficile dans ces conditions d'obtenir une promotion…

Retenez que tous les comportements décrits ici peuvent être modifiés. Vous pouvez changer l'image que vous projetez. Si vous voulez progresser dans l'organisation, arrangez-vous pour ne pas être catalogué comme un « mal nécessaire » !

L'AUTOÉVALUATION

Peut-être qu'on vous a déjà offert la possibilité de vous préparer à de plus grands défis. Si ce n'est pas encore arrivé, cela ne saurait tarder étant donné que vous faites maintenant ce qu'il faut pour devenir un employé-vedette. Quand la direction vous fera une offre, vous serez probablement flatté de cette marque de confiance, mais ce n'est pas là une raison suffisante pour accepter n'importe quoi. Une réflexion s'impose.

Il ne sert à rien d'accepter un poste pour lequel vous n'êtes pas fait. Il est difficile par la suite de faire marche arrière, d'autant plus que la direction de votre organisation pourrait regretter les sommes investies dans l'aventure. Par contre, si cette occasion est la bonne, il faut que vous la saisissiez.

Vous devez réfléchir à votre avenir de travailleur. Vous procéderez en quatre étapes : vous ferez le bilan de votre situation professionnelle, vous évaluerez toutes les options qui s'offrent à vous, vous sélectionnerez l'option qui correspond le mieux à ce que vous êtes, puis vous prendrez une décision.

Étape 1 : faire un bilan

Quels sont les 10 aspects que vous appréciez le plus dans votre emploi actuel ? Pour certains, ce sera la sécurité d'emploi ; pour d'autres, le salaire. L'encadré suivant présente les réponses les plus courantes.

Ce que je préfère dans mon emploi actuel, c'est :

1 – travailler dans la ville où je suis né ;

2 – organiser moi-même mon travail et mon horaire ;

3 – toucher un bon salaire ;

4 – travailler avec un beau groupe ;

5 – être en relation avec le public ;

6 – être en contact avec des partenaires sexuels potentiels ;

7 – jouir d'un statut enviable dans la communauté ;

8 – travailler à deux pas de la garderie ;

9 – être appelé à voyager occasionnellement à l'extérieur ;

10 – _____

Quand vous aurez noté ces 10 aspects (ou plus), vous les classerez par ordre de préférence, en plaçant ce que vous aimez le plus en première position. Comme cette liste reste confidentielle, soyez franc ; vous n'avez pas à être « politiquement correct ».

Sur une autre feuille, indiquez ce que vous préférez faire dans cet emploi. Quelles sont les tâches qui vous plaisent le plus ? Le tableau suivant vous présente quelques réponses courantes.

Ce que je préfère faire dans mon emploi actuel, c'est :

– amuser les autres ;

– trouver des idées ;

– diriger les autres en situation de crise ;

– planifier ;

– budgéter ;

– faire des présentations ;

– vendre ;

– représenter l'organisation dans des événements ;

– corriger les travaux des élèves ;

– …

Encore une fois, classez ces éléments par ordre de préférence en plaçant ce que vous aimez le plus faire dans ce travail en première position.

Sur une autre feuille, indiquez les cinq accomplissements dont vous êtes le plus fier. Il peut s'agir de réalisations liées au travail ou à votre vie privée.

Vous voici maintenant avec **trois précieuses listes,** que vous mettrez de côté pour l'instant.

Étape 2 : évaluer les options

Puisque vous lisez ce livre, vous êtes probablement à un moment charnière de votre carrière. Sachez que les options qui s'offrent à vous sont plus nombreuses que ce que vous pourriez penser.

Divisez une feuille en six zones, que vous appellerez respectivement Promotion, Enrichissement, Stabilité, Mutation, Rotation et Départ. Chacune de ces zones représente une voie à explorer.

1. La voie de la promotion. Voyant en vous un futur leader, peut-être votre employeur vous encourage-t-il actuellement à choisir cette voie. Obtenir une promotion, c'est occuper un poste situé plus haut dans la hiérarchie. Une promotion offre souvent une plus grande latitude dans le travail mais implique de plus lourdes responsabilités. Dressez, dans cette zone de la feuille, la liste de toutes les promotions qui vous intéresseraient dans l'organisation, même celles qui vous paraissent hors de portée.

2. La voie de l'enrichissement. Vous pourriez conserver votre poste tout en y ajoutant des tâches. Par exemple, un vendeur pourrait informer son directeur que le poste d'acheteur ne l'intéresse pas, mais qu'il aimerait remplir lui-même ses bons de commande, ce qui allégerait le travail de la personne qui remplacera un jour l'acheteur. La voie de l'enrichissement vous garde à la même place dans l'organigramme, mais elle fait augmenter l'importance relative de votre poste. Dressez, dans cette zone de la feuille, la liste des tâches que vous aimeriez ajouter à votre description de tâches.

3. La voie de la stabilité. Il se peut que vous vous sentiez très bien dans votre poste actuel et que vous n'ayez aucunement envie d'apporter des changements à votre situation. Le statu quo est aussi une option.

4. *La voie de la mutation.* Il y a des gens qui aiment développer un produit et d'autres qui préfèrent gérer un service. Si vous êtes actuellement dans une division de l'organisation dont les produits sont arrivés à maturité et que vous êtes du type « développeur », les journées peuvent vous paraître longues. En obtenant une mutation dans une division dont les produits sont en développement, vous apprécieriez davantage votre travail. Dans la quatrième zone de votre feuille, dressez la liste des mutations possibles.

5. *La voie de la rotation.* Y a-t-il un poste situé au même niveau hiérarchique que le vôtre qui vous tente ? La personne en place serait-elle en mesure de vous préparer à prendre sa relève ? S'il y a dans l'organisation des postes que vous aimeriez bien occuper, dressez-en la liste dans la cinquième zone de la feuille.

6. *La voie de sortie.* Il se peut que vous soyez mûr pour relever d'autres défis ailleurs. Il se peut que votre emploi ou votre employeur limite votre progression. Dressez, dans la sixième zone de la feuille, la liste de tous les emplois que vous aimeriez occuper ailleurs.

Étape 3 : sélectionner la meilleure option

Reproduisez le tableau suivant en prévoyant autant de lignes qu'il y a d'options dans les six zones de la feuille que vous avez remplie à l'étape précédente. Inscrivez ensuite chaque option dans la colonne Options.

Options	Ce que j'aime dans mon travail actuel	Ce que j'aime faire dans mon travail actuel	Réalisations	Total (sur 300)

Pour chaque emploi mentionné dans la première colonne, attribuez dans la deuxième colonne une note de 0 à 100 indiquant dans quelle mesure cet emploi vous permet de conserver les cinq aspects que vous avez indiqués sur votre première feuille.

Dans la troisième colonne, notez chaque emploi de 0 à 100 pour déterminer dans quelle mesure vous pouvez espérer continuer à faire ce que vous préférez dans cet emploi. Prenez les cinq principaux éléments que vous avez indiqués sur votre deuxième feuille.

Dans la quatrième colonne, attribuez à chaque emploi mentionné une note de 0 à 100 indiquant dans quelle mesure vous pourrez, dans cet emploi, revivre l'exaltation que vous ont procurée vos plus grandes réalisations, celles que vous avez notées sur votre troisième feuille.

Faites le total pour chaque emploi et inscrivez-le dans la cinquième colonne. Le maximum est de 300. Les emplois qui présentent le score le plus élevé sont ceux qui vous apporteront le plus de satisfaction.

Étape 4 : prendre une décision

Si on vous propose l'emploi présentant le score le plus élevé, dites oui tout de suite ! Si l'emploi présentant le score le plus élevé est celui que vous occupez actuellement et que le poste qu'on vous propose présente un score faible, deux avenues sont possibles : celle de conserver votre poste et celle de chercher davantage d'information sur l'autre emploi pour bien l'évaluer. Au besoin, consultez quelqu'un en qui vous avez pleinement confiance et faites-lui part de vos préoccupations. Le mentor qu'on songe à vous attribuer peut également vous aider à y voir plus clair.

Si vous réalisez que c'est une autre option qui vous attire plus que tout, il est temps de préparer un plan d'action qui vous aidera à faire le saut. Pour ce faire, lisez le guide *Pourquoi travaillez-vous ?*, de la collection S.O.S. BOULOT, ou reprenez à votre compte le processus de préparation de la relève présenté au chapitre 3 et déterminez ce qu'il vous manque pour changer de cap.

DEVENIR UN BON MENTORÉ

Vous obtenez de l'avancement et on vous assigne un mentor ? Vous maximiserez la valeur de votre période d'apprentissage en suivant ces quelques conseils.

Restez vous-même. Vous n'avez pas à jouer un rôle devant votre mentor. Vous n'avez pas non plus à épater la galerie. Restez vous-même ; votre relation sera plus authentique et vos efforts rapporteront davantage. Ne laissez pas entendre que vous maîtrisez des compétences que vous n'avez pas. Votre mentor n'est pas là pour vous évaluer, mais bien pour vous aider à mériter le poste qu'on vous a proposé.

Faites part de vos sentiments. Si un commentaire vous a heurté, si vous doutez de vos compétences dans un domaine particulier ou si vous redoutez un collègue, faites-en part à votre mentor. Il est bien placé pour vous aider à y voir plus clair.

Apprenez à encaisser les critiques. Les critiques émanant d'un bon mentor seront constructives. Elles ne visent pas à vous humilier mais à vous aider : tirez-en profit.

Agissez en partenaire. Votre mentor fait partie de votre équipe ; il souhaite vous voir réussir. N'hésitez pas à partager votre vision du monde, vos ambitions personnelles et les valeurs auxquelles vous tenez. Vous en sortirez gagnant.

Continuez à entretenir de bons liens avec vos collègues. Vous deviendrez peut-être leur patron dans un avenir rapproché, mais ce n'est pas une raison pour changer d'attitude à leur égard.

Si vous vous y engagez avec une attitude positive, la période de mentorat sera l'une des plus constructives de votre carrière. Profitez-en !

PRENDRE LES DEVANTS

Si vous n'avez pas encore été pressenti pour un programme de développement et que vous aimeriez l'être, deux options se présentent à vous. En y recourant, vous pourrez prendre les devants.

La demande directe. Dites à votre patron que vous aimeriez bien progresser dans l'organisation. Faites-lui part de votre intérêt pour les formations à venir et demandez-lui ce qu'il en pense. Le simple fait de l'informer de votre intérêt vous différencie de vos collègues et vous place dans une catégorie à part.

La modification de votre profil. Vous avez vu, au chapitre 2, comment on s'y prend pour déterminer quels employés sont prometteurs. Vous savez comment l'employeur évalue votre performance et votre potentiel. À l'aide de cette information, vous devriez vous bâtir un plan d'action qui vous permettra, à la prochaine évaluation, de vous glisser dans le quadrant des employés-vedettes.

Vous pouvez également lire *Faites grandir votre influence,* un ouvrage de la collection S.O.S. BOULOT qui vous explique comment vous pouvez faire grandir votre pouvoir relatif dans une organisation.

Finalement, si votre supérieur néglige la planification de la relève, offrez-lui ce livre. Vous lui rendrez un grand service et vous en rendrez également un à la communauté.

Conclusion

Que dira-t-on de votre performance de gestionnaire quand vous ne ferez plus partie de l'organisation ? Que diront les gérants d'estrade, ces spécialistes des explications *a posteriori* ? Diront-ils que votre règne a constitué le prélude à une nouvelle ère de prospérité ou que vous vous êtes contenté de gérer à la petite semaine, en vous fiant à des joueurs vieillissants dont les meilleurs années étaient derrière eux ?

Au fait, qui sont ces fameux gérants d'estrade ? Si vous gérez un organisme public, ce sont les élus et les contribuables. Si vous êtes à la tête d'une entreprise privée, ce sont les fournisseurs, les actionnaires, les employés, les clients et les bailleurs de fonds. Si vous gérez une entreprise familiale, ce sont tous les membres de votre famille, qui dépendent d'elle. À titre de propriétaire de cette compagnie, vous êtes l'ultime gérant d'estrade. La valeur de l'entreprise, vos revenus de retraite ou même vos vacances dépendent de votre capacité à préparer la relève.

Nous espérons vous avoir fait prendre conscience de l'importance de la prise en charge et du développement de vos futurs leaders. Nous espérons également vous avoir convaincu que le meilleur moment pour amorcer la démarche, c'est MAINTENANT. En remettant ce processus à demain, vous faites courir de sérieux risques à votre « équipe » et réduisez ses chances d'accéder au championnat.

N'attendez donc pas qu'il soit trop tard. Mettez-vous à l'œuvre dès aujourd-d'hui. Assurez-vous que votre organisation restera fonctionnelle si l'improbable se produit. Et rappelez-vous que l'improbable (une retraite anticipée, un départ imprévu, etc.) se produit plutôt fréquemment…

Et maintenant ?

Que vous ayez déjà entrepris la formation de vos futurs leaders ou que vous n'en soyez qu'à l'étape de l'exploration du sujet, sachez que d'autres défis se présenteront à vous au cours des prochaines années. Profitons de cette conclusion pour en dresser une petite liste.

À cause du vieillissement de la population et du faible taux de natalité, vos concurrents seront tentés de séduire ces personnes que vous préparez à relever de plus grands défis. Pour vous assurer qu'elles déclineront les offres de la concurrence, vous devrez vous doter d'une stratégie de rétention des meilleurs employés. Cette stratégie, nous vous la présentons dans le quatrième titre de la collection **Grands Défis,** intitulé *La perle rare : la trouver, la garder.*

Mais même les stratégies présentées dans ce quatrième guide ne suffiront pas toujours à assurer la rétention de vos meilleures ressources, à qui vos concurrents désespérés sont prêts à offrir des ponts d'or. Pour maximiser vos chances de réussite, nous vous proposerons deux autres défis.

1. Le défi du travail d'équipe. L'employé qui s'attache à son équipe de travail et à son organisation aura de la difficulté à quitter son employeur. Pour lui, quitter l'entreprise impliquerait des adieux à son équipe, à ses coéquipiers, à sa *gang.*

Nous vous aiderons à promouvoir et à faciliter le travail d'équipe dans *Le travail d'équipe : le susciter, l'améliorer,* le cinquième titre de cette collection. Vous apprendrez également comment le travail d'équipe peut augmenter la productivité de votre organisation.

2. *Le défi du leadership.* On ne dirige plus son personnel comme il était possible de le faire quand le taux de chômage était élevé et qu'il y avait 30 postulants pour chaque poste vacant. Il est illusoire, aujourd'hui, de penser devenir un patron efficace en maniant la carotte et le bâton. Il faut aller bien plus loin pour imposer son leadership. Nous vous aiderons à y parvenir avec *Mon rôle de boss : le comprendre, en sortir indemne.*

Est-ce tout ? Non. Vous devez également songer à votre propre relève. Votre organisation pourrait-elle fonctionner si vous vous absentiez demain ? Vous percevez-vous comme un héros ou comme un gestionnaire ? Pour assurer la pérennité de votre entreprise, nous vous suggérons de lire *La fameuse relève : l'assurer, l'accueillir.*

Certains de vos concurrents négligeront de relever ces défis et vivront tôt ou tard une situation de crise. Ils deviendront alors frénétiques : ils tenteront de conquérir vos employés, réduiront leurs prix pour conserver leur part de marché et, en dernier lieu, dépenseront des fortunes en publicité afin de maintenir en vie des entreprises en chute libre.

Si vous avez fait vos devoirs, ces tactiques auront peu d'effet sur vous. Une entreprise en chute libre intéresse moins des employés satisfaits. Une organisation dont les dépenses publicitaires sont à la hausse ne peut offrir la même qualité de service à la clientèle. Une entreprise qui réduit ses prix ne survit pas bien longtemps. Vos avantages concurrentiels iront en s'accroissant.

Que ferez-vous alors ? Vous pourriez bien entendu ravir les clients insatisfaits et les employés désillusionnés à ces concurrents imprévoyants. Vous pourriez aussi acheter ce concurrent pour faire grandir votre entreprise. Ou vous pourriez simplement le regarder disparaître.

S'il est un domaine qui permet de confirmer les théories de Darwin, c'est bien celui du monde des affaires. L'organisation qui est préparée et qui sait évoluer survivra. Nous espérons que ce sera la vôtre.

Lectures suggérées

Byham, William C. et al., *Grow Your Own Leaders: How to Identify, Develop, and Retain Leadership Talent,* Prentice Hall, New Jersey, 2002, 376 p.

Cohen, Norman, *Effective Mentoring,* HRD Press, Massachusetts, 1999, 116 p.

Knowdell, Richard L., *Building a Career Development Program,* Davies Black, Palo Alto, 1996, 125 p.

Rothwell, William J., *Effective Succession Planning: Ensuring Leadership Continuity and Building Talent from Within,* Amacom, New York, 2001, 338 p.

Samson, Alain, *Avec qui travaillez-vous?*, Éditions Transcontinental, Montréal, 2002, 248 p. (collection Ressources humaines)

Samson, Alain, *Faites grandir votre influence,* Éditions Transcontinental, Montréal, 2003, 101 p. (collection S.O.S. BOULOT)

Samson, Alain, *Famille inc. : la gérer, la faire grandir,* Éditions Transcontinental et Fondation de l'entrepreneurship, Montréal et Québec, 2003, 126 p. (collection Grands Défis)

Samson, Alain, *La fameuse relève : l'assurer, l'accueillir,* Éditions Transcontinental et Fondation de l'entrepreneurship, Montréal et Québec, 2003, 128 p. (collection Grands Défis)

Samson, Alain, *La solution ultime : vendre ou continuer ?,* Éditions Transcontinental et Fondation de l'entrepreneurship, Montréal et Québec, 2003, 128 p. (collection Grands Défis)

Samson, Alain, *Le kit du survivant,* Éditions Transcontinental, Montréal, 2003, 105 p. (collection S.O.S. BOULOT)

Samson, Alain, *Pourquoi travaillez-vous ?,* Éditions Transcontinental, Montréal, 2002, 102 p. (collection S.O.S. BOULOT)

Shea, Gordon F., *Mentoring: How to Develop Successful Mentor Behaviors,* Crisp, Californie, 2002, 104 p.

Whitworth, Laura et al, *Co-Active Coaching,* Davies Black, Palo Alto, 1998, 265 p.

Wolfe, Rebecca Luhn, *Systematic Succession Planning,* Crisp, Californie, 1996, 138 p.